COMPORTAMENTO EMPREENDEDOR

✱ Os livros dedicados à área de *design* têm projetos que reproduzem o visual de movimentos históricos. Neste módulo, as aberturas de partes e capítulos geométricas e os títulos em linhas redondas e diagonais fazem referência aos pôsteres da Bauhaus, a icônica escola alemã de *design*, arquitetura e artes plásticas.

COMPORTAMENTO EMPREENDEDOR

Isabella Christina Dantas Valentim

inter saberes

Rua Clara Vendramin, 58 . Mossunguê . CEP 81200-170 . Curitiba . PR . Brasil
Fone: (41) 2106-4170 . www.intersaberes.com . editora@intersaberes.com

Conselho editorial
Dr. Ivo José Both (presidente)
Drª Elena Godoy
Dr. Neri dos Santos
Dr. Ulf Gregor Baranow

Editora-chefe
Lindsay Azambuja

Gerente editorial
Ariadne Nunes Wenger

Assistente editorial
Daniela Viroli Pereira Pinto

Edição de texto
Larissa Carolina de Andrade
Monique Francis Fagundes Gonçalves

Capa
Débora Gipiela (design)
karnaval2018/Shutterstock (imagens)

Projeto gráfico
Bruno Palma e Silva

Diagramação
Débora Gipiela

Equipe de design
Débora Gipiela

Iconografia
Regina Claudia Cruz Prestes

Dados Internacionais de Catalogação na Publicação (CIP)
(Câmara Brasileira do Livro, SP, Brasil)

Valentim, Isabella Christina Dantas
   Comportamento empreendedor/Isabella Christina Dantas Valentim. Curitiba: InterSaberes, 2021.

   Bibliografia.
   ISBN 978-65-5517-904-0

   1. Comportamento 2. Empreendedorismo I. Título.

21-54472   CDD-658.42107

Índices para catálogo sistemático:

1. Empreendedorismo: Administração de empresas:
   Estudo e ensino   658.42107

Aline Graziele Benitez – Bibliotecária – CRB-1/3129

1ª edição, 2021.
Foi feito o depósito legal.
Informamos que é de inteira responsabilidade da autora a emissão de conceitos.
Nenhuma parte desta publicação poderá ser reproduzida por qualquer meio ou forma sem a prévia autorização da Editora InterSaberes.
A violação dos direitos autorais é crime estabelecido na Lei n. 9.610/1998 e punido pelo art. 184 do Código Penal.

SUMÁRIO

Apresentação 8

1 **História da gestão** 14
   1.1 Influência dos filósofos 15
   1.2 Influência da Revolução Industrial 16
   1.3 Empreendedores e a Revolução Industrial 18
   1.4 Escolas da gestão 24
   1.5 Conceitos de gestão 31
   1.6 O papel do gestor 38

2 **Desenvolvimento sustentável, segmentação e entrega de valor** 46
   2.1 O conceito e a importância do desenvolvimento local sustentável na ação empreendedora contemporânea 47
   2.2 Desenvolvimento local sustentável 51
   2.3 Segmentação e pesquisa de mercado-alvo 58
   2.4 Proposta de valor 66
   2.5 Canais de comunicação 73

3 Relacionamento com o cliente 78
    3.1 Construção de valor, satisfação e fidelidade do cliente 79
    3.2 Cultivo do relacionamento com o cliente 86
    3.3 Gestão de marcas 98

4 Conceitos de empreendedorismo e inovação 106
    4.1 Características da ação empreendedora 108
    4.2 O empreendedor como gerador de oportunidades 109
    4.3 Conhecimentos, habilidades e atitudes: CHA empreendedor 118
    4.4 Conceitos e características da criatividade 122

5 Modelos de negócios 136
    5.1 Desagregados 137
    5.2 Cauda longa 139
    5.3 Plataformas multilaterais 141
    5.4 Grátis 143
    5.5 *Freemium* 146
    5.6 Concebendo ideias de modelos de negócios 148

6 Identificação de oportunidades 168
    6.1 Técnicas de levantamento e diagnóstico organizacional 173
    6.2 Modelo das cinco forças de Porter 177
    6.3 Análise SWOT 179
    6.4 Processo de gestão empresarial 184

Considerações finais 196
Referências 200
Sobre a autora 208

APRESENTAÇÃO

A construção deste livro foi desafiadora, pois a dimensão da gestão ligada ao empreendedorismo é ampla, imbuída de diversas variáveis e facetas a serem analisadas e discutidas. Não obstante, a seleção do conteúdo a ser sistematicamente trabalhado foi igualmente árdua, visto que, neste estudo, foi preciso eleger métodos de concepção de negócios por meio de suas funções dentro das organizações.

Assim, nossa abordagem metodológica seguiu um encadeamento lógico na apresentação conceitual dos conteúdos e em sua aplicação instrumental, investindo em uma sequência histórica e de complexidade crescente. Também tratamos da função socioambiental do empreendedor, a fim de que os leitores possam compreender as circunstâncias nas quais se concebem determinados elementos, construindo, assim, uma aprendizagem mais ampla e contextualizada no tocante à implementação de um saber que considere o progresso e o desenvolvimento sustentável.

Dada a interdisciplinaridade e as múltiplas perspectivas que compõem os tópicos propostos para discussão, além do caráter cronológico e sustentável empregados, decidimos abordar, neste livro, assuntos voltados às concepções históricas, aos conceitos de gestão, ao desenvolvimento sustentável, à segmentação e à entrega de valor, ao relacionamento com o cliente, aos conceitos de empreendedorismo e inovação, aos planos de negócios e à identificação de oportunidades.

Ressaltamos que, discutidos os tópicos conceituais, toda a estrutura desta obra respeitou a devida diretriz de linguagem científica. Contudo, considerando-se o gênero do conteúdo abordado, foi necessário instar uma interação mais efetiva com você, interlocutor, de modo a possibilitarmos uma projeção dos cenários e dos conceitos descritos, tendo em vista o caráter de ciência social aplicada e a necessidade de uma compreensão ampla da subjetividade inerente aos problemas reais. Desse modo, você estará apto não só a apropriar-se dos conteúdos e seus respectivos problemas, mas a sugerir soluções futuras para ele.

A estrutura do livro está dividida em seis capítulos, os quais, ainda que autônomos, relacionam-se entre si. Parte importante do aprendizado está na compreensão dos conceitos de maneira holística, de forma que você possa assimilar e relacionar diferentes concepções tendo em vista circunstâncias variadas da realidade mercadológica.

CAPÍTULO 1

HISTÓRIA DA GESTÃO

A gestão sofreu diversas transformações (e essa atividade continua em curso), principalmente no que se refere às funções, às habilidades e às adaptações a um mercado totalmente globalizado. Tendo isso em vista, é fundamental debater o processo histórico da gestão, passando pelas revoluções industriais e chegando à discussão sobre a revolução tecnológica, que envolve a gestão e os negócios atuais.

O início do estudo da gestão começa por compreender quais foram as principais influências nesse processo histórico. Desde a Antiguidade, os filósofos, por exemplo, impactam as atividades administrativas. Eles também tiveram grande influência nas revoluções industriais, disseminando seus novos conceitos de negócios.

Este capítulo dedica-se às ações empreendedoras desenvolvidas após as revoluções industriais. Vamos a elas?

1.1 Influência dos filósofos

Desde a Antiguidade, acredita-se que a administração recebe forte influência da filosofia. Confúcio (551 a.C.-479 a.C.) ressaltava a importância do mérito pessoal obtido com base no conhecimento. Nesse sentido, a capacidade e a excelência moral fariam de uma pessoa um líder, não sua origem familiar, sua descendência, como muitos acreditavam. As ideias de Confúcio foram adotadas pelo Imperador Shi, que substituiu o sistema feudal da China. Nele, o poder e a força militar dependem da família do imperador, e seu sistema, para alcançar um *status* mais alto na hierarquia, é baseado no **mérito**. Além disso, Confúcio defendia o princípio da **reciprocidade**, isto é, tratar os outros como gostaria de ser tratado (Chiavenato, 2006).

Nessa perspectiva, Chiavenato (2006) relata que Sócrates (470 a.C.-399 a.C.), antigo filósofo grego, admitia a administração como uma habilidade pessoal em relação ao conhecimento técnico e à experiência e defendia o ponto de vista de Platão (427-8 a.c.-347-8 a.c.), outro grande filósofo grego, em sua obra *A República*, na qual observava a forma democrática da administração nos negócios públicos, e em *Política*, texto em que Platão advogava que a promoção da felicidade dos cidadãos é responsabilidade fundamental dos políticos, ou seja, dos administradores.

Para Máttar Neto (2010), a filosofia, sendo uma ciência natural, deve servir como meio de conexão entre os vários campos de conhecimento, aos quais os estudantes de Administração estão expostos ao longo de sua educação. Ainda, deve ensejar a relação entre áreas e conhecimentos aparentemente diferentes, como direito e estatística, matemática e sociologia, psicologia e contabilidade, entre outros. Dessa forma, acredita-se que os professores de Filosofia devam assumir papéis semelhantes aos líderes ou executivos das organizações modernas.

1.2 Influência da Revolução Industrial

A invenção do motor a vapor por James Watt (1736-1819) e sua aplicação na produção levaram a um novo conceito de trabalho, que mudou a estrutura social e comercial da época e desencadeou a Revolução Industrial, gerando profundas alterações econômicas, políticas e sociais. As mudanças ocorridas nesse século foram maiores que todas as demais do último milênio.

Assim, quando se estuda a Revolução Industrial, percebe-se que seu início se deu na Inglaterra e foi dividido em duas fases distintas, como propõe Chiavenato (2006):

1. Primeira Revolução Industrial (1780 a 1860) – conhecida como a *revolução do carvão e do ferro*.
2. Segunda Revolução Industrial (1860 a 1914) – conhecida como a *revolução do aço e da eletricidade*.

Todas as mudanças e inovações que ocorreram durante a Revolução Industrial descrevem novos métodos e novas abordagens relacionados ao trabalho, seu funcionamento, sua condução e sua realização. Esses processos se traduzem, por fim, em diferentes métodos de administração do trabalho (Chiavenato, 2006).

Duque e Ferreira (2017) esclarecem que outras revoluções industriais também mudaram a maneira de se realizar os trabalhos, como com o aumento da produtividade, mas a Quarta Revolução Industrial foi a responsável por modificar o comportamento da sociedade, vendo nas pessoas potenciais consumidores, o que alterou a forma de se produzir e comunicar. Essa revolução está atrelada não apenas às questões econômicas, mas também às relações sociais de uma maneira ampla. Por isso, acredita-se que, hoje, está em curso uma nova revolução industrial, não mais relacionada apenas a máquinas ou sistemas inteligentes e conectados, mas ligada a muitos campos, como a evolução genética, as fontes de energia renovável e outras tecnologias, o que trará benefícios e desafios na mesma medida.

1.3 Empreendedores e a Revolução Industrial

O empreendedor é uma pessoa que precisa aprender a equilibrar a gestão, não apenas no tocante aos aspectos usuais da administração (pessoal, finanças, estoques etc.), mas também quanto às informações de valores éticos e morais, de tempo, de tecnologia e de relacionamentos entre indivíduos e profissionais.

Durante a caminhada empreendedora, exigem-se certas capacidades e competências do empreendedor como forma de diferenciação. De início, é necessário ser criativo no desenvolvimento de ideias, na realização de pesquisas e na identificação de oportunidades – o empreendedor precisa ultrapassar a obviedade.

Para Oech (1988), esse papel é desenvolvido pelo "caçador de ideias", ou seja, por alguém capaz de identificar sua "presa". O empreendedor deve ser capaz de conhecer o ambiente em que a "presa" vive, os hábitos e os perigos que a norteiam e, ao mesmo tempo, tem de ser criativo para capturá-la com sabedoria. Pelo viés dessa metáfora da "caçada", cabe retomar as abordagens de Schumpeter (1982) sobre **inovação**.

Inovar, segundo Schumpeter (1982), significa criar, combinar produtos e serviços, direcionando-se às variadas funcionalidades e ao melhoramento da qualidade do produto. Assim, considerando-se que a evolução tecnológica é uma crescente, novos materiais e novas técnicas de produção estão sempre alocadas no espaço da inovação. Com isso, vale salientar que está cada vez mais fácil identificar novos caminhos mercadológicos, devido à queda de barreiras logísticas, o que torna os grandes mercados – Mercosul, Alca, União Europeia, África e Europa Oriental – cada vez mais atrativos.

Magaldi e Salibi Neto (2018, p. 35) defendem que o tema da inovação foi o que mais ganhou força nos últimos tempos. Segundo eles, "a transformação do ambiente requer organizações que inovem constantemente em seu negócio para estarem aptas a lidar com novas demandas do consumidor e outra dinâmica competitiva, visto que começam a surgir novos concorrentes até então não mapeados".

No âmbito das transformações organizacionais, passou-se da organização clássica para a virtual. O ambiente de trabalho, por sua vez, advindo do conservadorismo, ampliou seus modos de operacionalização, como é o caso do *home office*. As relações que se estabeleciam em dependência passaram a solicitar a participação e a criação conjunta entre os membros da equipe.

Os fornecedores, sejam de produtos ou serviços, também são fonte de inovação às organizações, pois fornecem matéria-prima e componentes aos novos processos e às novas tecnologias, desde um material específico até a um produto completo (Schumpeter, 1982).

Nesse sentido, Magaldi e Salibi Neto (2018) acreditam que os tentáculos da revolução tecnológica não afetam apenas o *marketing*, visto que abrangem todas as áreas e todos os tamanhos de organização, incluindo o gerenciamento de operações corporativas, em que ferramentas poderosas podem ser usadas como novos recursos. Um dos resultados mais relevantes do movimento envolve a otimização de processos e a busca de "fazer mais com menos".

Assim, os empreendedores têm de ser capazes de moldar uma ideia original e fornecer formas interessantes, benéficas e viáveis. Contudo, as técnicas para se ter e se moldar ideias são diferentes; as habilidades usadas, por sua vez, dependem do tempo de duração da jornada.

Fica claro, portanto, que os empreendedores precisam representar papéis diferentes, os quais exigem mais do que somente uma vontade própria. Além da determinação, o empreendedor tem de ser persistente e exigente com a qualidade e a eficiência em tudo o que faz, bem como deve identificar as buscas de oportunidades. Vale destacar, ainda, que o indivíduo dotado de características empreendedoras deve saber definir metas, calcular riscos, ser persuasivo e ter uma ampla rede de relacionamentos. Essas características são adicionais aos atributos empreendedores – autonomia, autoconfiança, independência e domínio técnico –, pois tais capacidades podem auxiliar no processo de geração de informações, de planejamento estratégico e de controle e monitoramento das ações consideradas empreendedoras. Ademais, o empreendedor tem de trabalhar o equilíbrio emocional, o autocontrole e o autoconhecimento.

Nessa perspectiva, Cássia (2007) acredita que, para estabelecer um perfil empreendedor, é necessário desenvolver um papel triplo:

1. Ser um bom empreendedor, com capacidade de ter boas ideias. Para tanto, é preciso ser visionário, determinado e criativo, além de um tanto sonhador.
2. Ser um bom administrador, para planejar e organizar planos, recursos, ações, e estabelecer metas.
3. Ser um bom técnico, a fim de executar tudo aquilo que foi planejado.

Desse modo, caso algum desses papéis falhe, o resultado fica comprometido. Assim, é necessária uma boa combinação dessas funções – empreendedora, administradora e técnica – para que o desenvolvimento empreendedor seja realizado de forma potencializada e plena em todos os seus contextos.

Na abordagem de Schneider e Branco (2012), nem todas as oportunidades de negócios são desenvolvidas a partir de fontes de necessidades humanas. Esses autores acreditam que os novos negócios podem ser gerados do fornecimento de materiais, os quais são necessários para a transformação da matéria-prima e das máquinas a fim de gerar tecnologia, comunicação, transporte, medicina, educação etc.

Nos últimos cem anos, foi possível perceber o surgimento de novos negócios que consideram a inserção de invenções e inovações presentes no mercado atual. Ao se observar a velocidade de tais transformações e evoluções, sejam tecnológicas, sejam materiais, é notório que os ciclos de vida dos produtos e serviços estão cada vez menores. Um exemplo bastante evidente é o celular, cuja velocidade de transformação ultrapassa qualquer tipo de mudança tecnológica atual. A evolução dos aparelhos celulares possibilita o surgimento no mercado de diversos modelos, mas, como suas características logo ficam obsoletas, são superados quase imediatamente por novas versões que garantem modernidade e versatilidade.

Sobre tais transformações, Magaldi e Sabili Neto (2018, p. 35) comentam:

> Iniciou-se a segunda onda tecnológica, cuja principal protagonista era a internet. O que, para alguns, era só um fenômeno de comunicação, gerou uma transformação inédita no comportamento do consumidor. Algumas organizações demoraram a fazer uma leitura correta dessa mudança, e, quando acordaram, era tarde demais.

Dessa forma, avaliando-se a tendência que envolve a realidade de produtos e serviços, sobretudo aqueles relacionados às tecnologias integradas e com durabilidade cada vez menores, é possível estimar o sucesso ou o fracasso dos negócios. Assim, a sobrevivência de um empreendedor nessa competição mercadológica depende do seu acerto quanto às novidades que aparecem no *front* (Schneider; Branco, 2012).

Exemplos de empreendedores simbólicos, que não se atentaram para as novas tecnologias, não faltam na história corporativa, como é o caso do primeiro projeto de câmera digital desenvolvido pela Kodak, em 1975. Depois de tornar o potencial de invenção famoso, a empresa se entregou à tecnologia que já fora desenvolvida, entrando em falência em 2012. Segundo Magaldi e Salibi Neto (2018), esse caso é um dos maiores movimentos de declínio conhecido.

Para Schneider e Branco (2012), as transformações ocorridas, de maneira global, podem ser observadas a partir de mudanças que estão à disposição do empreendedor. Sob essa ótica, os autores destacam cinco evoluções principais na utilização e transformação de recursos através das eras, conforme apresenta o Quadro 1.1.

Quadro 1.1 – **Evoluções na utilização e transformação de recursos**

Eras	Descrições
Dos recursos naturais e da mão de obra intensiva	Período que remonta aos primórdios da existência humana e vai até a Revolução Industrial, na qual o ser humano é a força transformadora e realizadora de grandes feitos.
Dos recursos naturais transformados por máquinas e de mão de obra intensiva	A partir da Revolução Industrial, as máquinas começaram a substituir a mão de obra humana na transformação dos materiais, resultando em uma oferta maior de produtos e serviços a um mercado ávido por consumir. Isso aconteceu no período de 1800 a 1900. Nessa fase, o uso da mão de obra ainda era intensivo.
Da evolução tecnológica e da criação de novos materiais	Período iniciado em 1900, quando foram desenvolvidos novos processos industriais e criados novos materiais, muitos deles em resposta às necessidades de guerra. Automatização, padronização e produção em massa são as características desse período, que se estendeu até 1960.
Da qualidade e do cliente	A focalização dos empreendimentos passou a ser o cliente e o mercado. A qualidade de processos e de produtos, garantia de requisitos mínimos de funcionamento e, principalmente, produtos adequados ao uso e ao gosto dos consumidores se tornaram pressupostos de funcionamento de qualquer organização. Esse período compreende o intervalo entre 1960 a 1990.
Da informação e do conhecimento	A palavra que descreve essa era é *globalização*. A partir de 1990, esse termo passou a ditar a nova ordem da economia mundial. A informação instantânea, em tempo real, tornou-se imprescindível dentro das normas de funcionamento dos negócios. A mão de obra, antes vista como recurso, passou a ser tratada como capital intelectual. O conhecimento começou a ser visto por muitos como o principal recurso dessa nova era.

Fonte: Elaborado com base em Schneider; Branco, 2012, p. 66-67.

Dessa forma, diferentes recursos e suas transformações percorreram eras distintas, por isso, é preciso que o empreendedor seja capaz de analisar essas mudanças por meio dos instrumentos desenvolvidos para acompanhar tais processos. Nesse sentido, cabe a esse profissional responsabilizar-se por seu desenvolvimento cognitivo e suas habilidades em conseguir utilizar os recursos necessários para criação ou adaptação dos negócios.

De maneira geral, um negócio corresponde a uma combinação de esforços individuais que têm por finalidade realizar propósitos coletivos. Por meio de uma organização, torna-se possível perseguir e alcançar objetivos que seriam inatingíveis por uma pessoa só (Maximiano, 1992).

1.4 Escolas da gestão

Ao estudar as escolas da gestão, é preciso conhecer as abordagens clássicas da administração e as relações humanas que envolvem desde as otimizações das relações de trabalho, discutidas por Taylor e Fayol, até os aspectos humanísticos da administração, reconhecidos por Mayo.

Abordagem clássica da administração

No século XX, o engenheiro Frederick Winslow Taylor (1856-1915) criou a escola da Administração Científica, cujo objetivo era otimizar a indústria por meio da racionalização do trabalho. Por analogia, mas preocupado em tornar a indústria mais eficiente por meio da organização e dos princípios gerais da administração, Jules Henri Fayol (1841-1325) deu origem à teoria clássica da administração (Chiavenato, 2006).

Ainda que esses estudiosos tenham seguido linhas de pensamento diferentes, suas ideias, em conjunto, fundaram a abordagem clássica da administração, a partir da qual foi traçado o paradigma administrativo das organizações no início do século XX. Chiavenato (2006) postula que, em razão dessas essas duas correntes, a abordagem clássica se desdobra em duas vertentes distintas e opostas, conforme a Figura 1.1, a seguir.

Figura 1.1 – **Desdobramento da abordagem clássica**

Abordagem clássica da administração	
Taylor	Fayol
Administração científica	Teoria clássica
Ênfase nas tarefas	Ênfase na estrutura

Fonte: Elaborado com base em Chiavenato, 2006.

Adiante, discutiremos com profundidade a abordagem clássica da administração.

Teoria das relações humanas

Fundada com base na experiência de Hawthorne, realizada pelo Conselho Nacional de Pesquisas dos Estados Unidos (National Research Council), a Escola Humanística da Administração teve como seu expoente Elton Mayo (1880-1949). Essa abordagem era uma diretiva opositora à Teoria Clássica da Administração.

Na fábrica Hawthorne, da companhia Western Electric Company, localizada em Chicago, foi executado um estudo do Conselho Nacional de Pesquisas, cujo objetivo era analisar a influência da iluminação dos ambientes de trabalho sobre a eficiência do operariado na produção.

Elton Mayo foi o responsável pela condução do experimento. A pesquisa levou em consideração os níveis de cansaço dos trabalhadores (fadiga), o número de acidentes de trabalho, o efeito das condições de trabalho no desempenho individual e a rotatividade dos operários. Ademais, ressalta-se que o experimento ocorreu em três fases.

Para a primeira fase, escolheram dois grupos de trabalhadores que desempenhavam rotinas em circunstâncias idênticas. Um deles, de observação, laborava sob iluminação mutável, enquanto o outro, de controle, sob iluminação contínua. Diante desse cenário, objetivava-se compreender como a iluminação influencia o resultado dos trabalhadores. Assim, percebeu-se que os operários em avaliação se esforçavam mais ao serem expostos a rotinas de trabalho sob maior iluminação. Assim, assumiram, ainda, que o elemento psicológico teve predominância quando comparado ao elemento fisiológico, pois o resultado dos trabalhadores foi influenciado pelo primeiro.

No ano de 1927, teve início o segundo momento do experimento. Para tanto, elaborou-se uma estratégia de pesquisa com a organização de um grupo de observação composto de cinco mulheres, as quais trabalhavam na montagem de relés, de modo que uma sexta mulher fornecia peças para suprir o trabalho das demais. O departamento era separado da sala onde ocorria as provas. Junto ao grupo experimental, havia a figura de um supervisor, da mesma forma que junto ao grupo de controle (departamento), estava um observador responsável por acompanhar o trabalho como espectador.

Ademais, excluindo-se o aparato de contagem de peças, o qual demarcava a quantia produzida pela fita perfurada, as ferramentas utilizadas para o trabalho pelo grupo experimental eram as mesmas que as do departamento. Assim, a produtividade serviu como indicador comparativo entre o grupo de controle e o experimental, que executava o trabalho sob condições variáveis.

Cabe ressaltar que as mulheres que participaram do experimento foram informadas dos objetivos do estudo quanto à análise da influência das variações nas condições de trabalho. Essas variações foram aplicadas em rotinas como horários de descanso, de realização das refeições e da redução de carga de trabalho. Após cada relatório, elas eram atualizadas das novas modificações, que passavam por seu crivo. O experimento foi fracionado em 12 períodos, nos quais se observavam os resultados da produtividade.

Os resultados dessa fase apontaram:

- As mulheres tinham afinidade com o trabalho realizado na sala de provas, pois consideravam-no mais divertido e de supervisão mais flexível, tendo isso em vista, tentavam instaurar um ambiente de trabalho mais liberal e menos pressionador.
- Nesse cenário, o ambiente de trabalho era considerado amigável e com cobranças mais brandas, no qual se podia dialogar, fator que elevou o nível de satisfação das operárias.
- A figura do supervisor não era temida, mas tida como orientador.

- Houve um aprimoramento social do grupo envolvido no experimento, uma vez que as mulheres criaram amizades e formaram uma equipe.
- O trabalho conjunto resultou em delineamento de objetivos comuns voltados ao ganho de produtividade, ainda que lhes fosse requerida rotina regular.

A terceira fase do experimento começou por meio de uma grande iniciativa de entrevistas com empregados, visando compreender suas atitudes e seus sentimentos, escutar suas perspectivas quanto ao trabalho desempenhado e as relações com supervisores, de modo que podiam falar livremente.

O experimento foi finalizado no ano de 1932, tendo forte impacto na teoria clássica administrativa. Ressalva deve ser feita ao conceito de organização informal, que considera que o vínculo que une os operários é a lealdade e, quando dividida dentro da organização, incide em controvérsia e conflito.

Os principais achados do experimento dizem respeito ao nível de produção resultante da integração social, ao comportamento social dos empregados, às sanções sociais, a formação de grupos informais, às relações humanas, à importância do conteúdo do cargo e à ênfase nos aspectos emocionais (Chiavenato, 2006).

O nível de produção resultante da integração social não se delimita pela aptidão física do trabalhador, conforme defende a teoria clássica da administração, mas pela influência das normas sociais e da expectativa gerada pelos grupos de trabalho. Nesse aspecto, outro fator observado foi o comportamento social dos empregados, os quais, imersos em rotinas de trabalho organizadas em grupo, tiveram seus comportamentos individuais completamente reforçados pela equipe.

As recompensas e as sanções sociais foram evidenciadas pelo condicionamento atribuído aos empregados por meio dos *standards* e das normas sociais que regiam o ambiente experimental de trabalho. Assim, os grupos informais avaliados no experimento de Hawthorne detiveram grande impacto nos resultados obtidos. Uma vez concebida como organização social, a empresa compõe-se por grupos sociais, os quais detêm estruturação díspar daquela organização formal definida pela firma. Assim, esses grupos formam o contingente humano da organização e, por vezes, dado o caráter dinâmico e informal de sua estrutura, opõem-se à estrutura formal da empresa, criada pela alta gestão, que delimita as normas de comportamento e as gratificações sociais, as punições, as metas, a escala de valores sociais, as expectativas e as crenças.

Portanto, o experimento mostrou que o elemento das relações humanas era preponderante nas relações de trabalho entre os empregados, de tal modo que aqueles indivíduos integram grupos sociais que mantêm, entre si, uma interação social contínua.

Adicionalmente, a importância do conteúdo do cargo segue a nova lógica de que a especialização do trabalho não é mais otimizada, pois a rotina com base na repetição de movimentos se mostrou entediante, de modo que a atitude dos empregados era afetada, diminuindo, assim, a eficiência e o contentamento.

Segundo Chiavenato (2006), o experimento elucidou a importância dos elementos emocionais não planejados e irracionais ligados ao comportamento, ratificando o emprego da teoria das relações humanas e concedendo aos autores humanistas o atributo de sociólogos da organização.

Assim, impetra-se um novo paradigma à teoria clássica da administração, que, após 1950, passou a declinar ao ser incisivamente criticada. Entre as principais críticas tecidas, vale destacar: a visão imprópria dos reais problemas nas relações industriais; a ideia romantizada da figura do operário; a limitação do campo experimental; a concentração demasiada em grupos informais; o enfoque manipulado da teoria das relações humanas; e as conclusões parciais dos estudos realizados.

A teoria das relações humanas, por sua vez, origina-se nos seguintes elementos, de acordo com Chiavenato (2006):

- Humanizar e democratizar a administração, de modo a flexibilizar conceitos enrijecidos empregados pela teoria clássica, adaptando-os às perspectivas do novo estilo de vida estadunidense.
- Aprofundar segmentos científicos ligados às ciências humanas, impulsionando desenvolvimentos na área da psicologia para que, assim, haja um aumento gradual da influência intelectual.
- Conceber como basilares os postulados filosóficos de John Dewey (1859-1952) e Kurt Lewin (1890-1947), atrelados à psicologia dinâmica, também chamada de *humanismo na administração*.
- Averiguar os achados relativos à experiência de Hawthorne, ocorrida entre 1927 e 1932, nos Estados Unidos.

Quadro 1.2 – **Comparação entre a teoria clássica da administração e a teoria das relações humanas**

Teoria clássica da administração	Teoria das relações humanas
Trata a organização como uma máquina	Trata a organização como um grupo de pessoas
Enfatiza as tarefas ou a tecnologia	Foco nas pessoas
Inspirada em sistemas de engenharia	Inspirada em sistemas de psicologia
Autoridade centralizada	Delegação de autoridade
Linhas claras de autoridade	Autonomia do empregado
Especialização e competência técnica	Confiança e abertura
Acentuada divisão do trabalho	Ênfase nas relações entre as pessoas
Confiança nas regras e nos regulamentos	Confiança nas pessoas
Clara separação entre linha e *staff*	Dinâmica grupal e interpessoal

Fonte: Elaborado com base em Chiavenato, 2006, p. 110.

1.5 Conceitos de gestão

Alguns autores, como Pires (2007), consideram o significado do termo *gestão* polissêmico, ou seja, adaptam a palavra ao ambiente em que é empregado seu sentido, seu significado real, portanto, tem de ser sempre relativizado.

Redwood et al. (2000) considera a gestão como um importante arranjo entre técnica, tecnologia, arte e disciplina, tendo como objetivo a busca pelo êxito organizacional, o que ele denomina *ação*.

Peter Drucker (1986, citado por Magretta, 2002, p. 12) esclarece a gestão sob o seguinte viés:

> Vistos de fora, os negócios podem parecer um jogo de azar aparentemente ilógico no qual qualquer idiota pode vencer, desde que seja implacável. Mas é assim, naturalmente, que qualquer atividade humana se parece para um observador externo, a menos que possa ser mostrada como tendo uma finalidade, uma ordem, uma sistemática, ou seja, a menos que possa ser apresentada como o conhecimento generalizado de uma disciplina.

Para Santos (2008), a gestão pode ser compreendida como um processo de coordenação e integração de recursos que visa atingir objetivos preestabelecidos por meio da realização de planejamento, direção, organização e controle. A gestão pode ser associada, ainda, ao processo laboral que, por meio de processos intermediários com o intuito de alcançar determinados objetivos organizacionais, aproveita ao máximo os recursos disponíveis em um cenário mutável.

Já na perspectiva de Reis (2018), a gestão pode ser definida como um processo estruturado destinado a alcançar a produção de bens e serviços sob o compromisso dos membros da organização, o que significa que a gestão inclui um conjunto de operações projetadas para garantir o desempenho de bons recursos.

1.5.1 Funções da gestão

Os fatores que envolvem a gestão correspondem às interpretações dos objetivos propostos pela organização, sendo igualmente caros ao processo de gestão. As funções da gestão são: planejamento, organização, liderança/direção e controle.

Figura 1.2 – **Funções da gestão**

Fonte: Elaborada com base em Santos, 2008.

Existem diversas funções que podem ser desenvolvidas pelos gestores, contanto que estejam direcionadas a tornar suas ações mais eficazes e, consequentemente, mais eficientes. A seguir descrevemos as quatro funções mencionadas.

1. Planejamento

Quando se trata da avaliação e do acompanhamento sistemático do ambiente transacional (ameaças e oportunidades), o processo de planejamento, além de considerar a variável interna dos pontos fortes organizacionais, estabelece objetivos e constrói estratégias para atingir as metas projetadas, por meio de projetos inclinados à integração e à coordenação das atividades. Segundo Santos (2008), essa função é responsável pela definição do objetivo organizacional, pelo seu direcionamento e pelo delineamento estratégico.

Dito de outro modo, o processo de planejamento consiste na definição dos objetivos empresariais, de tal forma que envolva a execução das tarefas e a seleção dos recursos financeiros, humanos e materiais necessários para atingir os objetivos previstos. Assim, essa fase é determinada antes mesmo das tarefas a serem desempenhadas, estabelecendo-se o que deve ser feito, como e quando. Nessa etapa, pode-se, ainda, descrever algumas fases como: (a) definição de metas e tarefas; (b) análise das alternativas propostas; (c) avaliação das necessidades de recursos e (e) criação de estratégias para o alcance dos objetivos.

2. Organização

A organização é a função relacionada à aplicação dos recursos da entidade para a totalidade das atividades nela executadas, as quais utilizam materiais, equipamentos, força humana, tecnologia, infraestrutura, *know-how* etc. com o intuito de atingir os objetivos. Acredita-se, assim, que a função da organização é estabelecer relações entre as pessoas e os recursos organizacionais, de forma que consigam atingir os objetivos propostos, executando aquilo que foi estabelecido anteriormente, na fase do planejamento.

Todavia, além da definição dos processos, suas respectivas tarefas e atividades, bem como da distribuição do trabalho envolvido entre os colaboradores, a organização funciona como uma alocação de recursos a serem destinados, apontando como as atividades e os processos serão aplicados e qual é a hierarquia a ser respeitada na execução da tomada de decisão.

Dessa forma, é possível desenvolver ações e atrelar pessoas aos recursos, a partir dos seguintes passos: o que deve ser realizado; quem, como e quando deve realizar. Na organização, contudo, os recursos têm de ser estruturados de forma que facilitem o atingimento dos objetivos, como descrever as funções e as tarefas, ter uma estrutura organizacional, definir as posições hierárquicas, coordenar as atividades, definir as políticas e os procedimentos organizacionais e alocar os recursos da organização.

3. Liderança/Direção

Santos (2008) entende que a função de liderança corresponde a um comando responsável pelo direcionamento dos colaboradores. Por meio desse cargo, os gerentes exercem influência sobre a organização, de modo a garantir que todos ajam de acordo com o requerido às atividades e, consequentemente, aos objetivos organizacionais. Nessa perspectiva, acredita-se que a direção tem a capacidade de influenciar e motivar as equipes, de forma que todos os integrantes possam contribuir com os objetivos propostos e que, consequentemente, estes sejam bem executados.

A motivação é um elemento igualmente importante dentro da liderança/direção, uma vez que ela compreende o esforço e a vontade das pessoas para conseguir alcançar os objetivos empresariais. Da mesma forma, nesse tipo de função, a comunicação também é fundamental, pois consiste no processo de troca de informações, conceitos, ideias e sentimentos entre as pessoas envolvidas na organização. Portanto, à liderança cabe se envolver e participar ativamente do desencadeamento das competências necessárias para se alcançar os objetivos da organização.

4. Controle

A função de controle trata da administração do acompanhamento continuado e sistêmico do ambiente de trabalho e execução das atividades, com o intuito de garantir a efetivação dos projetos e de seus respectivos objetivos, bem como, simultaneamente, aplicar as medidas de correção necessárias em caso de erro.

Dessa forma, na função controle, é preciso monitorar as atividades e as pessoas envolvidas em todo o processo organizacional e gestacional, acompanhando o desempenho e os resultados alcançados a partir das atividades desenvolvidas.

Assim, o controle é a etapa na qual se garante a execução do que foi planejado inicialmente, o que pode envolver os seguintes aspectos: (a) avaliar o desempenho; (b) estabelecer métricas de avaliações e comparações; (c) definir padrões e aplicar medidas corretivas e de ajustes, quando necessárias.

Dessa forma, concluímos que o processo de gestão se caracteriza por um ciclo, pois as aplicações dessas quatros funções – planejamento, organização, liderança/direção e controle – são constantes e se repetem em um movimento cíclico.

Quadro 1.3 – **Funções da gestão**

Função	Descrição
Planejamento	Definir os objetivos da organização e delimitar como estes devem ser alcançados. É o processo de predeterminar o que deve ser feito, como, quando, por quem e de que maneira.
Organização	Descrição da interação entre os vários departamentos da organização para atingir os objetivos que foram descritos anteriormente (planejamento) e definir as atividades realizadas por cada membro.
Direção	Orientar e dirigir o comportamento dos membros da organização de forma a serem alcançados os objetivos organizacionais.
Controle	Avaliação dos resultados obtidos de acordo com os objetivos planejados e determinação das ações corretivas para compensar as diferenças, se necessário.

Fonte: Elaborado com base em Reis, 2018.

Portanto, ao observarmos cada função e sua relação dentro do sistema gestacional, compreendemos que as quatro representam um ciclo contínuo.

1.5.2 Novas tendências da gestão

Desde o início do século XXI, como afirma Maçães (2018), papéis e responsabilidades dos gerentes passaram por mudanças radicais. Atualmente, a compreensão do desenvolvimento de ideias, informações, pessoal, capital e produtos ocorre muito rápido, o que gera novos problemas e desafios aos gerentes. Nesse sentido, os profissionais do século XXI precisam ter um olhar geral do mundo dos negócios, não focalizando apenas nos mercados tradicionais de seus produtos ou serviços.

As incertezas percebidas atualmente, também geradas por um contexto de mudanças constantes, têm um impacto decisivo no trabalho dos gestores, pois exercem enorme pressão e exigem que eles aumentem a própria eficiência e eficiência do uso de recursos. Por sua vez, cada vez mais, os executivos seniores são encorajados a incentivar os gerentes de nível inferior a atingir as metas de seus departamentos e a encontrar novas oportunidades para melhorar a lucratividade da organização.

Embora a globalização ofereça novas oportunidades para as organizações, como o acesso ao capital, às novas tecnologias e à expansão de novos mercados que oferecem e vendem seus produtos, também apresentam algumas ameaças, como o aumento de competitividade e a presença de grupos de clientes cada vez mais exigentes.

Já as tecnologias da informação (TICs) permitem que os gerentes obtenham mais e melhores dados em todos os níveis e em todos os campos, o que contribui para o planejamento, a organização, a liderança, a comunicação e o controle. Além de proporcionar aos funcionários mais informações sobre seu trabalho, para que estejam mais bem preparados e se tornem cada vez mais profissionais e produtivos.

A diversidade cultural é outra realidade que também coloca novos desafios para os gestores, forçando-os a entender diferentes modelos culturais, a fim de não comprometer os princípios e respeitar os costumes e as tradições do mercado em que pretendem expandir seus negócios.

Por fim, o empreendedorismo, geralmente definido como o processo de iniciar um novo negócio com base em oportunidades de mercado, mostra-se como um novo desafio para os gestores. Os empresários são pessoas que arriscam seus negócios, e o empreendedorismo é o processo de descobrir justamente oportunidades de negócios.

1.6 O papel do gestor

O papel do gestor corresponde à sua função, ao nível gerencial atendido, à empresa em que atua (seu segmento, sua estrutura e cultura organizacional, seu tamanho) e ao ambiente empresarial que constitui a organização (se conflituoso, estável, pressionado). Assim, é peculiar a cada gestor o *modus operandi* de adequação aos cenários, de tal forma que os resultados são proporcionais ao grau de sucesso na execução dessas tarefas.

Muitos profissionais almejam tornar-se gestores, pois percebem essa função como fundamental para o desenvolvimento e o funcionamento de uma organização. Por isso, as empresas devem dar a devida atenção à função da gestão, pois podem colher sérias consequências caso não escolham uma pessoa capacitada para atuar no cargo.

Geralmente, os cargos de gerência exigem que os profissionais tenham um entendimento completo dos requisitos técnicos de cada processo. Isso ocorre porque, além da liderança e da organização do processo, esse profissional também precisa entender qual é a melhor maneira de se trabalhar.

Dessa forma, o gestor gerencia sua equipe para garantir que os objetivos previamente estabelecidos sejam alcançados. No entanto, bons gestores fazem mais do que otimizar procedimentos, eles atuam como coordenadores, facilitando a autorização das tarefas e a organização dos cronogramas. Além disso, também garantem que a comunicação e a interação entre a equipe e outros departamentos da empresa sejam eficazes.

1.6.1 Funções

As funções organizacionais de um gestor correspondem aos papeis por ele desempenhados dentro das organizações, quais sejam:

- determinar os objetivos organizacionais;
- definir o *design* estrutural organizacional;

- analisar a relação entre a motivação dos colaboradores e a comunicação interpessoal;
- elaborar as normas;
- realizar a capacitação dos recursos humanos.

Desse modo, o gestor é, sobretudo, um tomador de decisões e, embora todas as funções sejam essenciais ao andamento dos processos dentro de uma empresa, a direção por si só pode ser considerada a principal função do gestor de uma organização. Contudo, esse também é um dos maiores desafios que envolvem a carreira de um gestor organizacional. Afinal, é preciso dirigir pessoas e conduzi-las a procedimentos que envolvem outros fatores, como relacionamento interpessoal e até mesmo habilidades de liderança.

1.6.2 Habilidades

De modo a desenvolver as atribuições enquanto tomador de decisão, o gerente necessita deter um rol de habilidades conceituais, técnicas e humanas. Segundo estabelece Chiavenato (2006), essas habilidades podem ser categorizadas da seguinte maneira:

- Habilidades técnicas: fazem parte de um conhecimento instrumental de metodologias que atendam à realização de atividades alinhadas à experiência profissional do gestor.
- Habilidades humanas: fazem jus à perícia do gestor para o relacionamento interpessoal, de modo a saber lidar com a gestão de indivíduos e equipes.
- Habilidades conceituais: correspondem ao compilado de conhecimento do gestor para lidar com iniciativas de cunho estratégico,

inerentes à gestão estratégica, uma vez que tratam de conceitos de diagnóstico, formulação e solução de controvérsia.

1.6.3 Capacidades e atitudes

Não obstante a necessidade de ser hábil, o gestor precisa deter as seguintes capacidades:

- gerir objetivos;
- administrar riscos com relação ao tempo;
- decidir diante de situações de cunho estratégico;
- formar e integrar equipes;
- ter boa comunicação organizacional;
- adotar uma perspectiva holística do seu papel;
- integrar o seu setor com o todo organizacional.

Para Pires (2007), os indivíduos, por meio das empresas, tomam atitudes diversas quanto à leitura e à previsão futura de acontecimentos, originando, por isso, diferentes meios de estruturar a empresa em si. Nesse âmbito, há três tipos de atitudes a serem tomadas:

1. aguardar o acontecimento dos eventos para ensejar uma reação;
2. prever o evento em uma tentativa de se preparar para o acontecimento; e
3. estabelecer as condições de criação do cenário futuro mediante a própria vontade.

Assim, cabe ao gestor definir qual será o caminho estratégico escolhido.

1.6.4 Formulação estratégica

As metas são os objetivos das unidades de negócios; a estratégia é um plano para atingi-las. Segundo Kotler (2000, p. 102) "todos os negócios devem preparar estratégias para atingir suas metas". Ainda que existam diferentes tipos de estratégias de *marketing*, Michael Porter (1989) as definiu em três tipos genéricos fornecendo o "ponto de partida" para o pensamento estratégico: (1) liderança total em custos, (2) diferenciação e (3) foco.

Na **liderança total em custos**, a empresa se concentra em atingir menores custos produtivos e de distribuição, com o intuito de garantir preços mais baixos que os da concorrência e maior participação no mercado. Em geral, as empresas que se utilizam desse tipo de estratégia competitiva dispõem de alto grau de tecnologia em engenharia, compras, fabricação e distribuição física.

Já a **estratégia de diferenciação** faz com que a empresa se concentre em obter um desempenho superior em uma área-chave de benefícios ao cliente, comumente valorizada pelo mercado. Entre as subáreas nas quais a liderança pode alcançar um diferencial, estão: assistência técnica, qualidade, estilo ou tecnologia. Ainda que aparentemente restritas, a abrangência mercadológica dessas áreas não permite a atuação da liderança em todas elas. Normalmente, a organização cultiva forças que contribuem para a diferenciação almejada, utilizando, por exemplo, na liderança por qualidade, os melhores componentes, a melhor mão de obra para montagem, alto nível de inspeção e comunicação efetiva.

A maioria dos profissionais de marketing global combina alta diferenciação com contenção de custos para entrar nos mercados, e para expandir sua participação de mercado. Sistemas flexíveis de fabricação que utilizam principalmente componentes padronizados e medidas de gestão de qualidade total reduzem a ocorrência de falhas estão permitindo às empresas customizar uma crescente parcela de sua produção e, ao mesmo tempo, economizar nos custos. As atividades globais permitirão a exploração de economias de escala, não apenas na produção, mas também em atividades de marketing, como campanhas publicitárias. (Czinkota; Ronkainen, 2008, p. 172)

Na **liderança em foco**, por sua vez, o negócio se concentra em segmentos estreitos de mercado, os quais a empresa conhece intimamente e busca liderança em custos ou dentro do segmento-alvo.

Por fim, as empresas que melhor desempenham essas estratégias conquistam a liderança de mercado. Aquelas que não detêm foco estratégico, por exemplo, não alcançam desempenho superior, visto que os gestores que ficam "em cima do muro", procurando ser bons em vários segmentos, o que demanda ações diferentes, e muitas vezes inconsistentes, acerca das dimensões estratégicas; no final, acabam não atingindo excelência em nada.

Uma meta de liderança concebida de forma solitária causa para os gerentes debates infindáveis sobre o modo pelo qual uma indústria deveria se definir para calcular parcelas, por exemplo, distanciando-se, assim, do objetivo principal: a busca pela vantagem competitiva, que constitui a essência da estratégia.

anjella1994/Shutterstock

CAPÍTULO 2

DESENVOLVIMENTO SUSTENTÁVEL, SEGMENTAÇÃO E ENTREGA DE VALOR

Neste capítulo, trataremos do desenvolvimento sustentável aplicado às ações empreendedoras no contexto contemporâneo, observando as segmentações de mercados e o modo como estas devem ser utilizadas para definir o público-alvo, além de compreender o processo de caracterização e pesquisa de tais segmentos.

2.1 O conceito e a importância do desenvolvimento local sustentável na ação empreendedora contemporânea

Antes de iniciar o planejamento, a jornada empreendedora exige que se busquem novos parâmetros de sustentação do negócio. Esse é o momento de pensar sobre o essencial. Nessa perspectiva, o empreendedor do século XXI precisa estar consciente para planejar e tomar medidas de apoio ao desenvolvimento local sustentável (DLS), ou seja, precisa atuar com atenção e perspicácia. De acordo com Weil (1990), nós, seres humanos, podemos escolher entre ser conscientes ou comuns. Se comum, um véu permite que se viva no mundo de maneira dispersa e fragmentada; se consciente, o véu cai e se está sóbrio diante da realidade.

Figura 2.1 – **Consciência sustentável**

Decidir	Criar	Inovar	Consciência DLS	Planejar	Agir
			Estabelece alguns parâmetros em relação ao empreendimento que se pretende desenvolver.	Não é viável obter lucro por meio da opressão, da falta de ética e sem sustentabilidade.	

Fonte: Schneider; Branco, 2012, p. 102.

Portanto, pensar no futuro é realizar, conscientemente, seu papel profissional dentro da sociedade, em termos de valores como solidariedade, cooperação, compromisso, tolerância e retorno econômico e social. Assim, cabe aos empreendedores sempre pensar no todo a qualquer momento ou em toda situação, concentrando-se em elementos interrelacionados que envolvem a proteção ambiental, a eficiência econômica e a equidade social, como mostra a Figura 2.2.

Figura 2.2 – **Empreendedorismo sustentável**

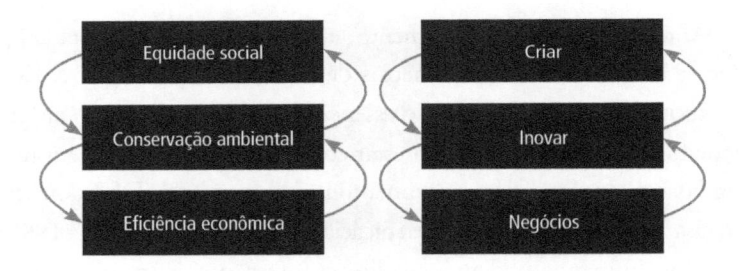

```
Equidade social          Criar
Conservação ambiental    Inovar
Eficiência econômica     Negócios
```

Fonte: Elaborado com base em Schneider; Branco, 2012, p. 103.

Na visão do DLS, as dimensões do empreendedorismo sustentável representam as partes de um todo, podendo, por isso, ser analisadas separadamente, mas sem deixar de assumir que elas compõem um comportamento sistemático e integrado (Schneider; Branco, 2012).

Na ausência de viabilidade econômica, qualquer empresa precisa dos lucros e retornos financeiros dos acionistas para sobreviver. Até organizações não governamentais (ONGs) necessitam de investidores dispostos a manter suas operações. Na falta de equidade social, as organizações cometem crimes relacionados aos direitos humanos, às relações trabalhistas, às relações com consumidores, à ética e à transparência nos negócios e ao diálogo com as partes interessadas (*stakeholders*).

Nessa perspectiva, a visão integrada postula que, se a equidade social e a conservação ambiental forem alcançadas, mas a eficiência econômica da empresa não for alta, há um empreendedor consciente que cometeu falhas históricas. Por outro lado, se a eficiência econômica for alcançada sob a premissa de levar em consideração a conservação ambiental, mas a equidade social for perdida, essa ação ajuda a manter, ou até mesmo exacerbar, a pobreza e a desigualdade social (Schneider; Branco, 2012).

A sustentabilidade corporativa de uma empresa está intimamente relacionada à sua firme crença dos conceitos de sustentabilidade. Na perspectiva de Pedroso (2007), a sustentabilidade exige que as organizações se comprometam a atender às necessidades atuais sem prejudicar a capacidade das gerações futuras de atender às suas próprias necessidades. A sustentabilidade respeita todas as partes interessadas, sejam fornecedores e parceiros, funcionários e colaboradores, clientes e consumidores, meio ambiente, sociedade, acionistas e investidores da organização.

Em termos de conceito, Schneider e Branco (2012) consideram o DLS uma estratégia de suporte comercial baseada nas concepções de desenvolvimento e sustentabilidade. O Quadro 2.1 apresenta os fatores que distinguem *desenvolvimento* e *sustentabilidade*.

Quadro 2.1 – **Fatores de desenvolvimento e sustentabilidade**

Desenvolvimento	Sustentabilidade
Capital humano (conhecimentos, habilidades, competências)	Diversidade cultural
Capital social (confiança, cooperação, organização)	Economicamente viável
Capital produtivo (empreendimentos, serviços e tecnologia)	Socialmente justo
Cultura empreendedora (iniciativa, autoestima, atitude proativa)	Ambientalmente correto

Fonte: Elaborado com base em Schneider; Branco, 2012, p. 104.

Diante desse cenário, os empreendedores devem aderir ao conceito de DLS, empenhando-se para encontrar ideias, analisá-las e transformá-las em oportunidades de inovação, a fim de, posteriormente, montar o plano de negócios, cuidando da implementação e do gerenciamento das etapas de planejamento e execução do projeto. Nesse sentido, nunca se deve contradizer as regras do DLS, seja assumindo um papel comercial, seja como cidadão e ser humano (Schneider; Branco, 2012).

Para Schneider e Branco (2012), o DSL deve:

- gerar trabalho, renda e inclusão social de todos os níveis da sociedade;
- inserir as pessoas no mercado consumidor, permitindo o acesso a bens e serviços, bem como à educação e à inclusão digital;
- democratizar o acesso ao Sistema Financeiro de Habitação (SFH), assim como ao microcrédito e ao financiamento, com o objetivo de melhorar as condições de vida das pessoas e da sociedade;

- divulgar a cultura empreendedora por meio de novos negócios, programas sociais ou empreendedorismo nas organizações existentes;
- desenvolver o capital humano, produtivo e social por meio da educação e do acesso a melhores condições de vida;
- incentivar o associacionismo e o cooperativismo, a fim de estimular o trabalho em equipe e, por consequência, a realização conjunta de sonhos sociais;
- melhorar os indicadores de qualidade de vida nas áreas de saúde, educação, moradia e trabalho.

2.2 Desenvolvimento local sustentável

A sustentabilidade adotada como estratégia corporativa é uma realidade entre as empresas brasileiras que a utilizam como vantagem competitiva. A responsabilidade social e o cuidado com o meio ambiente tornaram-se parte da estratégia de negócios e, nesse caso, as ações devem ser tomadas de maneira justa (Schneider; Branco, 2012).

A empresa que deseja aplicar o conceito de desenvolvimento sustentável tem de ser consciente de que se trata de uma perspectiva a longo prazo, por isso é importante entender a concepção de sustentabilidade, que envolve os requisitos destacados por Schneider e Branco (2012):

- respeitar o capital humano da entidade;
- proporcionar qualidade de vida no trabalho e para o trabalho;
- desenvolver produtos e ações ambientalmente corretos;
- monitorar as ações ambientais e sociais da organização em toda a cadeia produtiva, desde fornecedores até clientes finais;
- ser economicamente viável;
- ter sensibilidade às limitações e ao potencial do crescimento econômico, conhecendo seu impacto na sociedade e no meio ambiente;
- rever níveis de consumo;
- ter consciência da fragilidade do ambiente físico;
- ser socialmente justa;
- compreender os sistemas sociais e seu papel na transformação e no desenvolvimento;
- ser culturalmente aceita; e
- respeitar a diversidade, o conhecimento e o valor dos projetos educacionais.

A busca constante pelo desenvolvimento sustentável, gera uma cultura que preza pela

> Consciência social em relação ao direito a um ambiente saudável e produtivo. Reconhecimento do valor da diversidade biológica, da cultura e do pluralismo político. Respeito a uma ética inter e intrageracional. Ênfase especial às prioridades voltadas às necessidades básicas, à elevação da qualidade de vida e à inclusão social. Reconhecimento da eficácia de práticas de descentralização econômica e gestão participativa. Incorporação de uma dialética que não apenas opõe, mas que aproxima o particular do universal, o local do global. (Krause, 1997, p. 18)

Logo, o DLS faz parte do caminho empreendedor e está relacionado aos princípios de criação de valor, inovação, gestão e controle (Schneider; Branco, 2012). Em um mercado globalizado, pensar de maneira sustentável não é opcional, mas uma condição importante para que o empreendedor não seja um promotor de injustiça, de desequilíbrios socioeconômicos e ambientais, nem faça parte da geração de empreendedores que não sabem como mudar o paradigma quando ainda é possível fazer algo por um mundo sustentável.

2.2.1 A prática do desenvolvimento local sustentável

No campo teórico, defender o DLS é fácil. Contudo, na prática pessoal e corporativa, os desafios são enormes, mas não impossíveis de serem implementados. Devemos lembrar que o processo de criação de um negócio sustentável requer criatividade, inovação, gerenciamento e atitude.

Louette (2007) realizou um trabalho envolvendo o Instituto Ethos de Responsabilidade Social, grupos profissionais, sociedade, governo, empresas e outras organizações que estabeleceram os padrões básicos de responsabilidade social. Esse levantamento resultou em 7 áreas e 29 padrões básicos de responsabilidade social empresarial, como mostra do Quadro 2.2, a seguir:

Quadro 2.2 – **Áreas de estudo e padrões de responsabilidade social empresarial**

Áreas de estudo	Padrões de responsabilidade social empresarial
Direitos humanos	Respeito aos direitos humanos.
Direitos das relações de trabalho	Associação, sindicalização e negociação coletiva.
	Não discriminação.
	Trabalho forçado.
	Trabalho infantil.
	Educação e desenvolvimento profissional.
	Remuneração e respeito aos direitos das relações de trabalho.
	Segurança, saúde e condições de trabalho.
Proteção das relações de consumo	Proteção à saúde e à segurança.
	Acesso a informações adequadas.
	Acesso a produtos e serviços.
	Consumo sustentável.
	Direito ao recurso e à reclamação.
	Respeito à privacidade.
	Educação do consumidor.
Meio ambiente	Gestão dos impactos ambientais.
	Redução, reutilização e reciclagem.
	Educação e conscientização ambiental.
	Inovação e tecnologia.
Ética e transparência	Valores e princípios éticos.
	Concorrência.
	Divulgação de informações.
	Cumprimento de obrigações fiscais e legais.
	Campanhas políticas.
	Combate à corrupção.
Diálogo/engajamento com *stakeholders*	Desenvolvimento ambiental, social e econômico.
	Governo e sociedade.
	Comunidade.
	Cadeia produtiva.
Governança corporativa	Boas práticas de governança.

Fonte: Elaborado com base em Louette, 2007.

O DLS não é apenas responsabilidade de indivíduos e empresas, mas sobretudo governamental. O governo, por seu turno, deve estimular o desenvolvimento de toda a sociedade e criar condições para que as organizações realizem atividades. Nesse sentido, Schneider e Branco (2012) acreditam que o poder público deve promover estes três pilares, como mostra a imagem a seguir.

Figura 2.3 – **Pilares da promoção do poder público**

Portanto, quando se luta pela igualdade de oportunidades para todos, é preciso envolver pessoas e empresas e, assim, buscar proporcionar condições iguais de acesso a bens, serviços, educação, empregabilidade, informação e conhecimento produzidos pela sociedade. Da mesma forma, quando a cidadania caminha em direção ao desenvolvimento sustentável, é necessário associá-la ao bem-estar coletivo, a um estilo de vida sólido, e desenvolver tais conceitos nas escolas e instituições públicas; além de respeitar o direito de todos ao desenvolvimento, assim como ao acesso à educação, à moradia, à saúde pública e ao bem-estar social.

2.2.2 Postura empresarial ante o desenvolvimento local sustentável

As discussões sobre sustentabilidade empresarial variam de abordagens a depender do papel do estado como fornecedor e controlador de questões sociais e ambientais. Segundo Schneider e Branco (2012), podem-se distinguir três tipos de organizações: (1) as comprometidas com o DLS; (2) as que "sobrevivem" ao DLS; e (3) as que ignoram o DLS.

As empresas comprometidas com o DLS são aquelas que planejam ativamente suas ações por um longo tempo, transformam problemas em oportunidades, participam do bem-estar social, têm conduta ética, valores claros e são consistentes em seu comportamento.

Já as organizações que "sobrevivem" ao DLS são empresas que cumprem a lei, orientam seu comportamento conforme o mínimo exigido, mudam somente sob pressão, anunciam suas ações e evitam inspeção. Para essas organizações, a sobrevivência está à frente de se criar uma atitude consciente.

Por sua vez, os empreendedores que ignoram o DLS são aqueles que não têm responsabilidade ante os problemas ambientais atuais, não socializam seus custos nem seus lucros, causam problemas de exportação para o meio ambiente e a sociedade e não praticam proteção ambiental.

As organizações que desejam se beneficiar de uma nova filosofia de gerenciamento de negócios precisam desenvolver o DLS e trabalhá-lo a partir da promoção da satisfação dos clientes, da abertura para novos mercados, da melhoria da imagem e do desempenho empresarial. Também têm de se preocupar com a redução dos custos e dos riscos do negócio, bem como facilitar o acesso a crédito, refletir sobre o ciclo de vida dos produtos, propiciar a certificação dos produtos e até mesmo da organização que pratica o DLS (Schneider; Branco, 2012).

Schneider e Branco (2012) justificam que, para combater o modelo corrupto do desenvolvimento, é necessário adotar uma nova posição empreendedora, contrária à razão da degradação ambiental e voltada tanto ao desenvolvimento das empresas quanto da sociedade. A falta de punição para aqueles que degradam a natureza e a falta de investimento em educação, causas advindas do governo e das empresas focadas em interesses próprios, devem ser substituídas por um modelo de desenvolvimento dedicado às gerações futuras.

No contexto atual, em razão da falta de consciência e de condições básicas de vida, é necessário quebrar o modelo que permite que empresas, indivíduos e sociedade destruam o meio ambiente. Entretanto, observa-se que empresas, governos, indivíduos e sociedade se exoneram da culpa, enfrentam-se mutuamente e causam dificuldades na melhoria das condições de sobrevivência. O novo modelo de desenvolvimento social, como o DLS, busca soluções para tais problemas, analisando-os amplamente e, para tanto, colocam em interação indivíduos, sociedade, governo, legislação e empresas (Schneider; Branco, 2012).

Esse novo modelo se baseia em valores que estão para além dos recursos básicos de sobrevivência. Nessa perspectiva, importa também as intenções e as ações, que são responsáveis por mudar o cenário vivido atualmente e, por consequência, instaurar um novo modo de fazer as coisas e propor soluções.

2.3 Segmentação e pesquisa de mercado-alvo

Pride e Ferrell (2015, p. 135) definem o mercado como "um grupo de indivíduos e/ou organizações que desejam ou têm necessidade de um produto, inserido em uma classe de produtos, e possuem capacidade, vontade e autoridade para comprá-los". Os referidos mercados podem ser separados em dois tipos: de consumidores ou de empresas. Esses tipos estão focados nas especificidades de pessoas ou grupos e compõem um certo nicho mercadológico, orientação pela qual adquirem produtos.

O mercado consumidor é feito por aqueles que têm o intento de usar ou se beneficiar do consumo mediante a aquisição de produtos, em vez de fazê-lo para fins comerciais. Os mercados consumidores podem ser denominados *business-to-consumer* (B2C), ou seja, o mercado que atende o consumidor final das mais diversas categorias, desde alimentação, vestuário, veículos, eletrodomésticos etc. (Pride; Ferrell, 2015).

O mercado de empresas (ou negócios), conhecido como *business-to-business* (B2B), pode ser subdividido em: revenda, institucionais, produtos e industriais. Eles são compostos de pessoas ou grupos que adquirem tipos peculiares de produtos com o propósito de utilizar na confecção de outros bens, aplicar em atividades rotineiras ou comercializar. Vale ressaltar que há mercadorias que integram mais de um mercado, a depender do objetivo de seu uso.

Assim, ao se desenvolver uma estratégia mercadológica, o primeiro componente a ser definido é a seleção do mercado-alvo, que é composto de cinco fases, conforme apresenta a Figura 2.4.

Figura 2.4 – **Processo de seleção de mercado-alvo**

Identificar a estratégia de seleção de mercado-alvo apropriada › Determinar quais variáveis de segmentação utilizar › Desenvolver perfis de segmentação de mercado › Avaliar segmentos de mercado relevantes › Selecionar mercados-alvo específicos

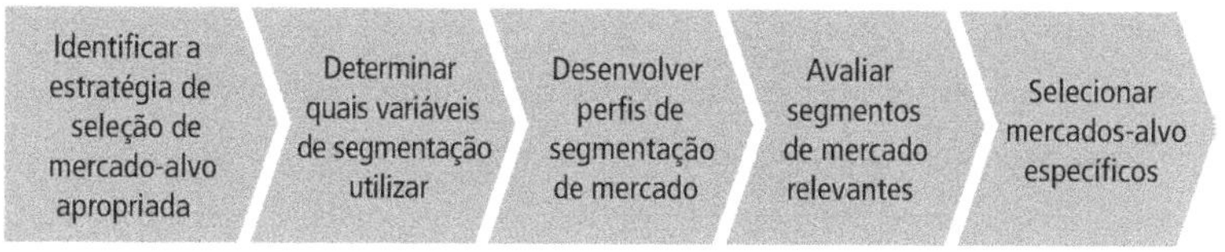

Fonte: Elaborado com base em Pride; Ferrell, 2015.

Em suma, é imprescindível considerar a capacidade empresarial de oferta, a fim de sobrepor a concorrência em um mesmo segmento, de modo a escolher segmentos-alvo ideais, sem supervalorizar o potencial lucrativo em detrimento de outros.

2.3.1 Estratégia não diferenciada de seleção de mercado-alvo

Algumas organizações definem apenas um produto como seu mercado-alvo e, ao fazê-lo, focalizam em somente um mix mercadológico, distribuindo-o para um mercado completo por meio de um certo produto. Essa estratégia é chamada de *estratégia não diferenciada de seleção de mercado-alvo*.

Essa orientação preocupa-se com as características, os anseios e as necessidades dos consumidores daquele mercado-alvo, buscando suas similaridades, ou seja, trata-se de um mercado homogêneo, de modo que um único mix de marketing atenderia a esses clientes com pouca margem de variação. Um exemplo de produtos ofertados seriam aqueles de baixo valor agregado (*commodities*).

Atualmente, entretanto, profissionais de marketing não tendem a utilizar esse tipo de estratégia, pois o emprego de apenas um mix de marketing é desfavorável às vendas, uma vez que, ainda que se tenha um mercado-alvo segmentado, os clientes que o compõem têm preferências e necessidades distintas. Ademais, seriam necessários recursos e competências gerenciais suficientes para atender grande parte desse mercado com um único mix.

2.3.2 Estratégia concentrada de segmentação de mercado-alvo

Conforme é sabido, ainda que os clientes consumam alguns produtos em comum, há uma variedade de necessidades relativa às preferências de cada indivíduo. Um mercado formado por essas diferenças é qualificado como *heterogêneo*.

Segundo Kotler e Keller (2012), a segmentação de mercado é fundamental pois, como o próprio nome indica, propõe que seja feita uma divisão em segmentos, os quais são agrupados em indivíduos ou empresas que têm necessidades por produtos parecidos. Assim, o gestor consegue determinar um mix mercadológico de alcance eficientemente às necessidades dos clientes tendo em vista determinada segmentação mercadológica.

A ideia de segmentação de mercados heterogêneos se traduz no fato de que uma empresa terá resultados melhores ao projetar um mix de marketing interessante para a fração específica de um mercado, pois tem mais condições de direcionar seus esforços e investimentos de marketing, uma vez que as necessidades consumeristas são diversas.

Além disso, de acordo com Kotler e Keller (2012), para que haja uma implementação efetiva desse tipo de segmentação, é necessário atender cinco condições, quais sejam:

1. heterogeneidade das necessidades do público-alvo;
2. divisão dos segmentos de modo que a empresa seja capaz de diferenciar e dividir aquele mercado em grupos com necessidades comuns de consumo;
3. avaliação do potencial de vendas, despesas e ganhos mercadológicos dos segmentos (função desempenhada pelo gerente de marketing);
4. obtenção de lucro suficiente de, no mínimo, um segmento, com vistas a possibilitar o investimento e o custeamento de um mix de marketing específico;
5. capacidade da empresa em alcançar o segmento elencado mediante o mix de marketing nele concentrado.

Ao focalizar os esforços de marketing em um **segmento** por meio de um mix de marketing concentrado, a empresa faz uso da **estratégia de mercado-alvo concentrada**.

O cerne da estratégia de mercado-alvo concentrada é a especialização da organização na satisfação das necessidades de um grupo específico de consumidores, de maneira que, se o quantitativo for elevado, é possível atingir uma maior receita de vendas. Cabe destacar aqui que empresas com menos recursos, ao se especializarem em um segmento de mercado, podem concorrer com organizações maiores, que não se concentraram em um grupo específico.

2.3.3 Estratégia diferenciada de segmentação de mercado-alvo

Outro tipo de segmentação corresponde à estratégia de mercado-alvo diferenciada. Nela, os esforços de marketing estão voltados para dois ou mais segmentos por meio da elaboração de um mix para cada qual, configurando-se como uma sequência bem-sucedida da estratégia concentrada, expandindo para outros segmentos.

As características de consumidores, grupos ou empresas agrupadas são convertidas nas chamadas *variáveis de segmentação*. Ao selecionar certas variáveis para segmentar o mercado, os gerentes de marketing ponderam a respeito de vários fatores que podem atender às necessidades comportamentais do consumidor, relacionando, para tanto, diversos produtos.

As variáreis de segmentação são divididas em quatro categorias: (1) demográficas, (2) geográficas, (3) psicográficas e (4) comportamentais. O Quadro 2.3, a seguir, elenca as referidas categorias e seus tipos de variáveis.

Quadro 2.3 – **Variáveis de segmentação para mercados consumidores**

Variáveis demográficas		Variáveis geográficas	
• Idade • Gênero • Raça • Etnia • Renda • Educação	• Ocupação • Tamanho da família • Religião • Classe social	• Região: urbana suburbana, rural • Tamanho da cidade • Tamanho da comarca	• Tamanho do estado • Densidade de mercado • Clima • Terreno
Variáveis psicográficas		**Variáveis comportamentais**	
• Características de personalidade • Motivos • Estilo de vida		• Volume de uso • Utilização final • Expectativas de benefícios • Lealdade à marca • Sensibilidade ao preço	

Fonte: Elaborado com base em Pride; Ferrell, 2015.

As **variáveis demográficas** correspondem a elementos demográficos comumente utilizados por gestores para definir as segmentações decorrentes dessa categoria de variáveis, que também está vinculada às necessidades e aos comportamentos de compra dos consumidores. Geralmente, a análise efetuada é simples.

As **variáveis geográficas**, por sua vez, estão relacionadas com a procura de certos produtos pelos clientes, de modo que os mercados podem ser segmentados mediante a diversidade de localização, extensão de área e clima.

Já as **variáveis psicográficas** dizem respeito à personalidade dos consumidores e ao seu estilo de vida. Elas podem ser empregadas isoladamente ou combinadas com outras variáveis.

Por fim, as **variáveis comportamentais**, como o próprio nome já indica, estabelecem uma relação com o comportamento do consumidor ante o uso que ele faz do produto.

Uma vez rastreados os segmentos, o gerente de marketing pode centralizar a atenção naquele que gera mais oportunidades. Aqui é mister avaliar a concorrência a ser enfrentada, os custos envolvidos e as previsões de ganhos projetadas. A segmentação adequada dos mercados-alvo é fundamental na implementação de estratégias mercadológicas de sucesso e no alcance dos objetivos organizacionais, tendo em vista as necessidades dos clientes. As falhas decorrentes desse processo podem repercutir em elevação de custos, redução na receita de vendas e prejuízo financeiro.

Após a seleção dos mercados-alvo, urge ao empreendedor traçar previsões de vendas, por certo tempo, nesses segmentos. Tais previsões são importantes, pois possibilitam o planejamento e a organização das atividades nos novos mercados, de maneira que a precisão dessas ações determina o sucesso a ser alcançado.

De acordo com Pride e Ferrell (2015), a metodologia aplicada na previsão é circunstancial e está atrelada ao perfil gerencial da empresa, ao tipo de produto envolvido, aos custos inerentes àquele segmento, ao período e às metas da previsão, à consistência e à quantidade das informações de vendas necessárias, à expertise e à experiência disponíveis. Os procedimentos mais comuns de previsão são divididos em cinco tipos:

1. análise de regressão de vendas;
2. análise de séries temporais de vendas;
3. julgamento executivo;
4. testes de mercado;
5. levantamentos.

A **análise de regressão** corresponde a um método de previsão que utiliza dados de vendas para traçar relações entre vendas pretéritas (na forma de variável dependente) e outras variáveis independentes (por exemplo, população ou renda). O intuito é criar modelos preditivos que descrevam acuradamente a influência de variáveis nas vendas da organização. A desvantagem desse método é que o achado concerne a uma relação associativa e não reflete necessariamente uma lógica de causa-efeito, ou seja, ao se criar o modelo, adicionam-se as informações disponíveis visando a melhor adequação possível para as previsões geradas.

Já a **análise de séries temporais de vendas** diz respeito a um instrumento de previsão que considera as informações de vendas da empresa, visando identificar padrões em momentos futuros, os quais, possivelmente, tendem a se repetir. Assim, a precisão na previsão desses padrões de séries temporais de vendas é determinante para a aplicação desse método.

O **julgamento executivo**, por sua vez, é um método de previsão eficaz e menos custoso, pois tem como base a experiência dos executivos da empresa, ou seja, trata-se de um instrumental intuitivo. Sua desvantagem, porém, é a imprecisão, uma vez que, embora seja efetivo em demandas homogêneas, limita-se às circunstâncias passadas, o que gera um problema na aferição de cenários futuros.

Por outro lado, os **testes de mercado** envolvem o fornecimento de produtos aos compradores em uma ou mais áreas de teste, medindo as compras e as respostas aos produtos, o escoamento, as promoções e as margens de precificação. A área de teste é definida de acordo com a importância no segmento-alvo da organização.

A vantagem dessa metodologia é que ela se aplica a circunstâncias reais de venda, diferentemente da projeção de cenários. Ademais, os testes de mercados fornecem dados importantes com relação ao quantitativo de compras efetuado com base nas iniciativas de marketing. A desvantagem, porém, é o custo de execução e o tempo requerido para a aplicação desses testes.

Os **levantamentos**, como o termo sugere, correspondem a enquetes com perguntas destinadas aos consumidores, ao corpo de vendas e até mesmo aos *experts* contratados pela organização. Nesse caso, são levantadas questões referentes às quantidades de compra que os clientes pretendem realizar de certo produto por determinado tempo.

Em suma, para transformar estratégias em programas, os gerentes precisam tomar decisões quanto a despesas, mix e alocação de recursos. Primeiramente, a empresa deve decidir o nível de despesas capaz de atingir seus objetivos de mercado. Kotler (2000, p. 109) destaca que "as empresas costumam estabelecer seu orçamento de marketing como porcentagem de meta de vendas", assim, uma organização pode gastar mais do que o normal esperando conseguir maior participação de mercado. Em segundo lugar, é preciso decidir como organizar o orçamento total entre as várias ferramentas de segmentação adotadas.

Por último, os gestores têm de acertar a alocação do orçamento aos vários produtos, canais, meios de promoção e áreas de vendas. Nesse contexto, devem ponderar acerca das seguintes questões, conforme apresenta Kotler (2000): Qual é o valor necessário para apoiar as diversas linhas de produtos? As vendas serão diretas ou através de intermediários? A propaganda será feita por mala direta ou por revistas especializadas? Quais os mercados serão escolhidos?

2.4 Proposta de valor

O planejamento nos níveis corporativo, de divisão e de negócios é parte integrante do processo de marketing. A responsabilidade de uma empresa é fornecer valor ao mercado por meio do lucro. Há, pelo menos, duas maneiras de considerar o processo de entrega de valor. Tratamos da primeira, a visão tradicionalista.

Uma organização que se utiliza da visão tradicionalista entende que o trabalho a ser feito será absorvido pelo mercado até que gere lucro (Kotler; Keller, 2006). Essas organizações têm maiores chances de sucesso em economias caracterizadas pela escassez de bens e em que os consumidores detêm baixo índice de envolvimento – não possuem rigor sobre critérios de qualidade, recursos ou estilo. Porém, a visão tradicional não demonstra a mesma eficácia quando aplicada a economias de alto nível competitivo, em que os consumidores dispõem de diversas opções de produtos e serviços. O "mercado de massa", segundo Kotler e Keller (2006), vem se dividindo em micromercados, cada um com suas peculiaridades, desejos, percepções, preferências e critérios de compra. Dessa forma, o concorrente astuto precisa projetar sua oferta para mercados-alvo bem definidos.

Kotler e Keller (2006) defendem que a cadeia de valor corresponde a uma ferramenta de identificação de métodos para criação de valor para o cliente. Toda empresa, sob essa ótica, caracteriza-se como um conjunto de atividades realizadas para projetar, produzir, comercializar, entregar e sustentar seu produto. Essas atividades de criação de valor são compostas de cinco atividades principais e quatro de apoio, as quais conheceremos a seguir.

Atividades principais
1. transportar materiais para dentro da empresa (logística interna);
2. converter esses materiais em produtos (operações);
3. despachar os produtos (logística externa),
4. comercializar tais produtos (marketing e vendas);
5. prestar assistência técnica (serviço).

Atividades de apoio
1. aquisição;
2. desenvolvimento de tecnologia,
3. gerenciamento de recursos humanos;
4. infraestrutura da empresa.

Para Kotler e Keller (2006), é dever da empresa estudar os custos e o desempenho por toda a atividade geradora de valor e buscar o aperfeiçoamento. Os custos e o desempenho das concorrentes devem ser modelos comparativos para, à medida que forem superados, a organização atinja uma vantagem competitiva.

O grau de excelência pelo qual os departamentos atuam, acrescidos da excelência na coordenação das diversas atividades departamentais, determina o sucesso da empresa. A solução para entraves relativos a problemas com a interação dos departamentos está em enfatizar o gerenciamento dos processos centrais de negócios. Esses processos incluem:

> (1) Desenvolvimento de novos produtos: todas as atividades envolvidas em pesquisa, desenvolvimento e lançamento de novos produtos de alta qualidade, com rapidez e dentro do orçamento; (2) Gerenciamento de estoques: todas as atividades envolvidas no desenvolvimento e no gerenciamento de estoques de matérias-primas, materiais semiacabados e produtos acabados para que se encontrem suprimentos adequados e os custos em excesso sejam reduzidos; (3) Atração e retenção de clientes: todas as atividades envolvidas na busca e retenção de clientes e no crescimento de seus negócios; (4) Pedido até recebimento: todas as atividades envolvidas no recebimento e na aprovação de pedidos, expedição pontual de mercadorias e recebimento de pagamento; (5) Atendimento ao cliente: todas as atividades que facilitam aos clientes o acesso às pessoas certas dentro da empresa para receberem serviços, respostas e soluções de problemas de maneira rápida e satisfatória. (Kotler; Keller, 2006, p. 67)

Organizações competentes desenvolvem habilidades diferenciadas, bem como postulam novos cenários de processos negociais, os quais incluem o marketing e o planejamento, diferentemente de liderar o princípio do processo pela fabricação e pela venda, de modo que as empresas integram uma sequência criativa e de entrega de valor.

Figura 2.5 – **Maneiras distintas de conceber o processo de entrega de valor**

A) Sequência do processo físico tradicional							
Fabricar o produto			Vender o produto				
Projetar o produto	Suprir	Fabricar	Determinar o preço	Vender	Anunciar/ Promover	Distribuir	Prestar assistência

B) Sequência de criação e entrega de valor							
Selecionar o valor			Fornecer o valor				
Segmentação dos clientes	Seleção/ foco no mercado	Posicionamento do valor	Desenvolvimento do produto	Desenvolvimento do serviço	Determinação de preço	Busca de fontes Fabricação	Distribuição Assistência

Comunicar o valor		
Força de vendas	Promoção de vendas	Propaganda

Fonte: Elaborado com base em Kotler; Keller, 2006.

De início, é dever do gestor de marketing selecionar o valor anteriormente à fabricação do produto, ou seja, ele tem de segmentar os mercados, escolher o mercado-alvo (*targeting*) e trabalhar a posição de valor de sua oferta. Esse é um dos processos fundamentos do marketing estratégico.

Depois de o valor ser definido, inicia-se a segunda parte: a entrega de valor. Nela, devem ser detalhadas as especificações tangíveis dos produtos e serviços, deve ser delimitado o preço pretendido, para, então, fabricar-se o produto e, por fim, escoá-lo. Nessa etapa, são desenvolvidos os atributos específicos que compõem o marketing tático.

A terceira parte é a comunicação do valor. Nessa fase, o marketing tático reforça as vendas, a promoção e a propaganda dos produtos, bem como utiliza outras ferramentas promocionais para informar o mercado sobre sua mercadoria. Conforme apresentado na Figura 2.5, o processo de marketing inicia antes da existência de um produto, prossegue em seu desenvolvido e continua trabalhando nas vendas, após o produto estar disponível para compra. Para diagnosticar a vantagem competitiva em um setor específico, é necessário definir a cadeia de valor de uma empresa. Portanto, ao se utilizar a cadeia de valor universal, a empresa pode identificar uma única atividade de valor.

Os valores, concentrados em uma categoria geral, podem ser divididos em atividades diferentes, como mostra a Figura 2.6.

Figura 2.6 – **Subdivisão de uma cadeia de valores genérica**

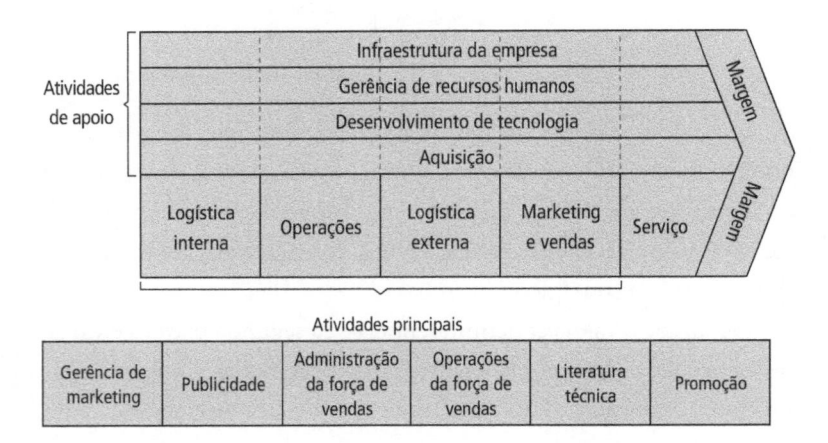

Atividades de apoio	Infraestrutura da empresa				Margem
	Gerência de recursos humanos				
	Desenvolvimento de tecnologia				
	Aquisição				
	Logística interna	Operações	Logística externa	Marketing e vendas	Serviço

Atividades principais

Gerência de marketing	Publicidade	Administração da força de vendas	Operações da força de vendas	Literatura técnica	Promoção

Fonte: Elaborado com base em Porter, 1989.

Para Porter (1989, p. 41), "a definição de atividades de valor relevantes exige que atividades com economias e tecnologias distintas sejam isoladas. Funções gerais como fabricação ou marketing devem ser subdivididas em atividades". A subdivisão pode prosseguir até o nível de atividades mais estreitas que, até certo ponto, diferem-se, pois o "princípio básico é que as atividades deveriam ser isoladas e separadas, se (1) tiverem economias diferentes, (2) tiverem um alto impacto em potencial de diferenciação, ou (3) representarem uma proporção significativa ou crescente do custo" (Porter, 1989, p. 41).

O autor explica que, na utilização da cadeia de valores, a desagregação sucessiva e mais refinada de atividades é feita por meio de uma análise que evidencia diferenças relevantes para a vantagem competitiva; por sua vez, existem outras atividades que se mostram irrelevantes diante da competição ou são governadas por economias similares.

A própria seleção da categoria e locação de uma atividade pode demandar julgamento e, por si só, ser elucidativa. Atividades de valor devem ser indicadas a categorias nas quais podem desempenhar com excelência sua contribuição para a vantagem competitiva:

> Se o processamento de pedidos é uma forma importante de interação da empresa com seus compradores, por exemplo, ele deve ser classificado como atribuição do *marketing*. Semelhantemente, se o manuseio de material interno e o manuseio de material externo utilizam as mesmas instalações e o mesmo pessoal, então ambos deveriam provavelmente ser combinados em uma atividade de valor, e classificados onde quer que a função tenha o maior impacto competitivo. (Porter, 1989, p. 44)

É comum as empresas adquirirem vantagem competitiva readequando ou aprimorando as funções das atividades tradicionais. Segundo Porter (1989), tudo que uma empresa faz deveria ser classificado em atividade primária ou de apoio. Por regra, as empresas realizam atividades paralelas, nas quais o pedido deve ser feito objetivando intensificar a clareza intuitiva da cadeia de valor para os administradores.

Um escopo amplo possibilita a exploração dos benefícios da execução interna de maior número de atividades. Também pode permitir o uso de inter-relações entre cadeias de valor que atendem segmentos diferentes, áreas geográficas ou indústrias afins. Porter (1989) utiliza o seguinte exemplo: uma força de vendas compartilhada pode vender os produtos de duas unidades empresariais, ou uma marca registrada pode vender os produtos de duas unidades empresariais, ou uma marca registrada comum pode ser empregada a nível mundial.

Já um escopo estreito garante um maior ajuste da cadeia para atender a certo segmento específico, certa área geográfica ou indústria, almejando reduzir o custo ou atingir o alvo de modo singular. Ainda, pode servir para integrar e aprimorar a vantagem competitiva por meio das atividades de compras da empresa, visto que empresas independentes fazem isso de maneira menos custosa. A vantagem competitiva de um escopo estreito, em uma indústria, está nas variedades de produtos, compradores ou regiões geográficas, considerando-se a cadeia de valores mais adequada (Porter, 1989).

Tendo em vista que existem diversas maneiras de se segmentar indústrias e múltiplas formas de inter-relações e integração, os escopos amplo e estreito podem ser combinados. Porter (1989) explica que uma empresa pode criar vantagem competitiva, ajustando sua cadeia de valores a um segmento de produtos e, ao mesmo tempo, explorando inter-relações geográficas com vistas a atender esse segmento mundialmente. O escopo geográfico confere à empresa o compartilhamento ou a coordenação de atividades de valor empregadas para o atendimento de diferentes áreas geográficas. As inter-relações são comuns entre cadeias de valores parcialmente diferentes, servindo regiões geográficas em um único país.

Por fim, as inter-relações geográficas podem intensificar a vantagem competitiva se o compartilhamento ou se a coordenação de atividades de valor reduzir o custo ou acentuar a diferenciação (Porter, 1989). Custos de coordenação variam conforme as diferenças entre regiões ou países que diminuem a vantagem do compartilhamento. Já os núcleos de vantagem competitiva, resultantes da estratégia global e de impedimentos à sua execução, devem ser avaliados para que não se prejudique a exequibilidade das atividades da cadeia.

2.5 Canais de comunicação

Com o objetivo de alcançar determinado mercado, os gestores fazem uso de três categorias de canais: (1) canais de comunicação, (2) canais de distribuição e (3) canais de serviço.

Os **canais de comunicação** são aqueles utilizados no envio e na recepção de comunicações dos clientes-alvo, como TV, jornais, correio, rádio e internet. Não obstante, a informação de marketing também é comunicada pela estrutura e pelo *design* de vitrines, interior e iluminação de lojas, de tal forma que as empresas buscam canais de comunicação adicionais aos canais tradicionais da propaganda, que possibilitem o *feedback* dos clientes, como *e-mail*, serviços de atendimento telefônico gratuito e mídias sociais.

Os **canais de distribuição** visam operacionalizar a apresentação, a venda ou a entrega de produtos e serviços ao consumidor, por isso são compostos por intermediários. É comum que os consumidores finais não adquiram seus produtos diretamente dos fabricantes, ou seja, eles são fornecidos por intermediários, que são responsáveis pela composição de um canal de marketing. Esses canais são grupos de empresas dependentes entre si que disponibilizam produtos e serviços para consumo final. Ainda que as distâncias geográficas se mantenham, o surgimento de novas tecnologias em comunicação, de novos canais comerciais e a abertura gradual dos mercados fizeram com que parceiros comerciais se aproximassem.

Kotler e Keller (2012, p. 448, grifo do original) explicam o papel dos intermediários:

> Alguns intermediários — como atacadistas e varejistas — compram, adquirem direitos sobre os produtos e os revendem; são denominados *comerciantes*. Outros — corretores, representantes dos fabricantes, representantes de vendas —, buscam clientes e podem negociar em nome do fabricante, sem, no entanto, possuir direito sobre os produtos; são conhecidos como *representantes*. Outros, ainda — transportadoras, armazéns independentes, bancos, agências de propaganda —, dão apoio ao processo de distribuição, mas não têm direitos sobre os produtos e nem negociam compras ou vendas; são chamados *facilitadores*.

Canais de todos os tipos desempenham um papel importante no sucesso de uma empresa e afetam todas as demais decisões de marketing. Os profissionais de marketing devem julgá-los no contexto de todo o processo pelo qual seus produtos são feitos, distribuídos, vendidos e atendidos.

Assim, a empresa deve analisar as vantagens a serem obtidas como resultado da tomada de decisão pelo envolvimento ou não de intermediários na sua cadeia até o consumidor final.

Já os canais de serviços correspondem a empresas que utilizam outros canais para efetivar negociações com potenciais clientes, os quais são compostos de bancos, transportadoras e seguradoras. Faro e Faro (2010, p. 231) esclarecem que "os canais de distribuição podem ser definidos como o conjunto de elementos articulados entre si, que executam ações sistematizadas com o objetivo de tornar disponível para consumo um produto ou serviço". Nesse contexto, o canal de distribuição pode ser entendido como o modo pelo qual os setores produtivos e outros intervenientes de apoio ao processo de comercialização viabilizam o acesso do público aos serviços.

Nikita Kacanovskis/Shutterstock

CAPÍTULO 3

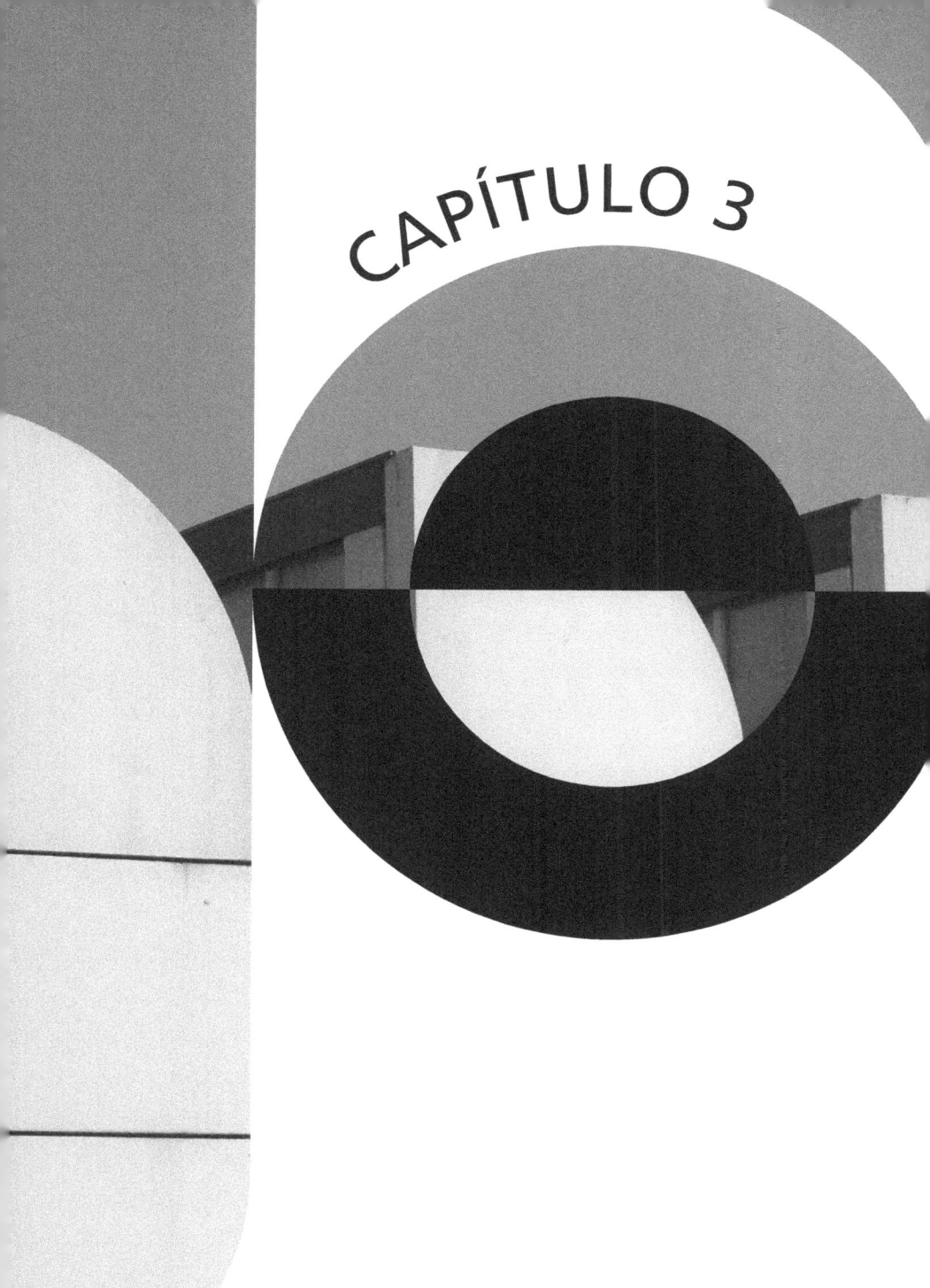

RELACIONAMENTO COM O CLIENTE

O cenário organizacional atual é de alta concorrência, contudo, há possibilidades de aprimoramento estratégico, caso ocorra uma mudança da perspectiva de vendas para um panorama voltado ao pensamento de marketing. A visão baseada em marketing fundamenta-se no relacionamento com o cliente, para que as organizações, focadas no consumidor, difiram não apenas em termos de produtos, mas também em termos de participação e engenharia de mercado.

3.1 Construção de valor, satisfação e fidelidade do cliente

O desempenho das organizações depende diretamente de seu relacionamento com os clientes, ou seja, faz-se necessário atingir públicos-alvo, mantê-los fiéis e aumentar a prospecção. A fidelização, portanto, é a alma do negócio.

Figura 3.1 – **Organograma tradicional *versus* organograma da empresa moderna orientada ao cliente**

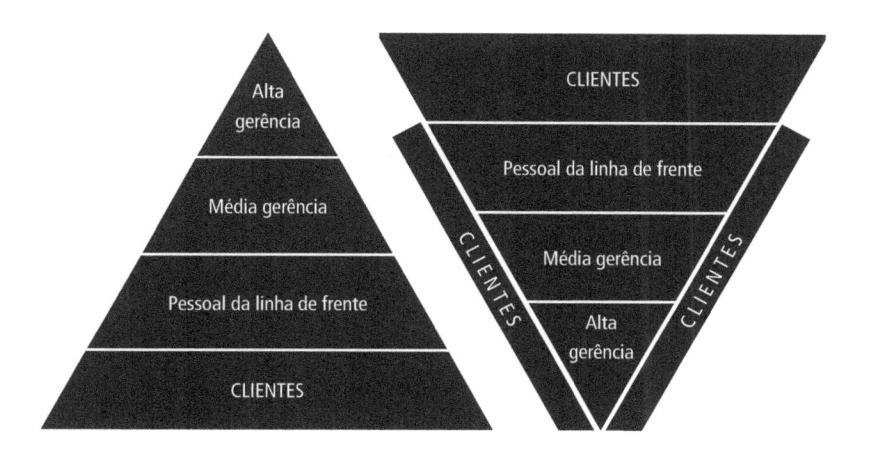

Fonte: Kotler; Keller, 2012, p. 130.

Gestores que creem que o cerne da lucratividade está no **cliente** tendem a desconsiderar o organograma formal. Isto é, organizações que detêm a habilidade sobre a gestão de marketing se baseiam no organograma que considera os clientes um elemento de maior importância, bem como o atendimento e a satisfação deles. Assim, a atenção também recai no suporte ao atendimento, na média gestão e na contratação de gestores e de suporte que gerenciem a alta gestão.

Ademais, como podemos observar na Figura 3.1, no organograma de uma empresa moderna, os clientes também são adicionados às laterais da imagem, o que indica sua importância e a necessidade de que sejam ouvidos por todos os níveis gerenciais, pois assim anseiam.

3.1.1 Valor percebido pelo cliente

Atualmente, os clientes têm alto grau de envolvimento mediante suas aquisições, ou seja, conhecem os produtos que desejam e os potenciais substitutos disponíveis no mercado.

Assim, eles procuram adquirir a oferta de maior valor percebido frente aos benefícios apresentados pelos produtos e serviços, considerando os custos inerentes às pesquisas e ao conhecimento técnico quanto às compras pretendidas. Dito isso, a satisfação dos clientes será proporcional ao atendimento das expectativas que possuem ante as referidas ofertas. Desenhando o cenário de compra, Kotler e Keller (2012, p. 131, grifo do original) definem três conceitos importantes:

> O **valor percebido pelo cliente** é a diferença entre a avaliação que o cliente potencial faz de todos os benefícios e custos relativos a um produto e às alternativas percebidas. Já o **benefício total para o cliente** é o valor monetário de um conjunto

de benefícios econômicos, funcionais e psicológicos que os clientes esperam de determinado produto em função de produto, pessoal e imagem. O **custo total para o cliente** é o conjunto de custos que os consumidores esperam ter para avaliar, obter, utilizar e descartar um produto incluindo os custos monetário, de tempo, de energia física e psicológico.

Assim, a subtração dos custos assumidos, dada a escolha mediante as opções de compra e dos benefícios adquiridos, será o valor percebido. Aqui, pode-se trabalhar a oferta com aumento dos benefícios disponibilizados ou a redução dos custos inerentes à aquisição daquele produto ou serviço, desde que se trabalhe no aumento da oferta de valor. A Figura 3.2 mostra os determinantes do valor percebido pelo cliente:

Figura 3.2 – **Determinantes do valor percebido pelo cliente**

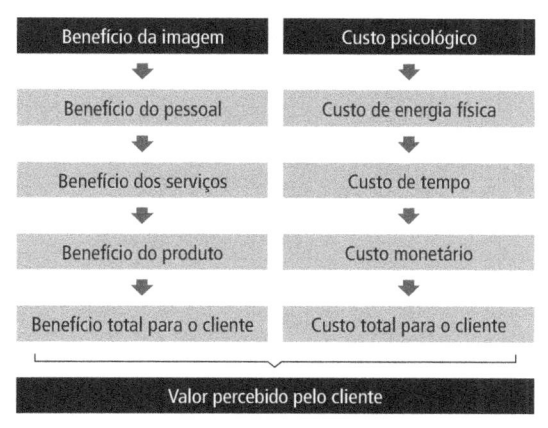

Benefício da imagem	Custo psicológico
Benefício do pessoal	Custo de energia física
Benefício dos serviços	Custo de tempo
Benefício do produto	Custo monetário
Benefício total para o cliente	Custo total para o cliente

Valor percebido pelo cliente

Fonte: Kotler; Keller, 2012.

Na sequência, veremos a aplicação dos conceitos de valor.

3.1.2 **Aplicação dos conceitos de valor**

A análise de valor voltada ao cliente corresponde a uma avaliação realizada por gerentes para demonstrar a seus clientes atributos como vantagens e desvantagens inerentes a uma empresa em comparação aos seus concorrentes. Vejamos as fases desse instrumento de análise apresentadas no Quadro 3.1:

Quadro 3.1 – **Processo de análise de valor**

Análise de valor		
	Fases	Descrição
1	Levantar os atributos e benefícios apreciados pela clientela	Questionam-se os clientes acerca daqueles atributos e patamares de *performance* que eles procuram em bens e empresas. Neste momento, é importante conceber de maneira ampla os atributos e benefícios, visando alcançar o máximo de elementos compositivos das decisões de compra dos entrevistados.
2	Analisar a relevância da quantidade de atributos e benefícios	É solicitado aos entrevistados que classifiquem a relevância de diversos atributos e benefícios, de modo que, se há grande variação nas avaliações, será preciso remanejá-los para outros segmentos.
3	Analisar o resultado da empresa e de seus adversários com relação aos diversos valores dos clientes quanto à importância que outorgam	Os entrevistados apontam de que modo veem a *performance* da firma e de seus adversários por meio de benefícios e atributos.

(continua)

(Quadro 3.1 – conclusão)

Análise de valor		
	Fases	Descrição
4	Estudar de que forma os consumidores de certo segmento avaliam a *performance* de uma organização comparada a um forte oponente acerca de um atributo específico individual ou de um benefício	Caso a oferta da empresa supere seu oponente sobre a completude dos atributos e benefícios relevantes, a empresa pode cobrar um preço mais alto (e, portanto, alcançar um lucro maior) ou pode cobrar um preço idêntico e alçar uma participação maior no mercado.
5	Acompanhar os valores para o cliente durante o tempo	Os estudos acerca dos valores para o cliente e a categorização da concorrência devem ser periodicamente refeitos de modo a acompanhar as modificações em recursos, econômicas e tecnológicas.

Fonte: Elaborado com base em Kotler; Keller, 2012, p. 132.

Desse modo, o valor percebido pelo cliente é um conceito importante, pois indica que os vendedores precisam analisar o benefício da oferta e seu custo total ao cliente mediante a concorrência, com o intuito de compreender a percepção desse cliente. Ademais, quando um cenário é desvantajoso ao vendedor, indica-se escolher entre dois caminhos: (1) aumento do benefício total por meio do incremento de benesses econômicas, psicológicas ou funcionais ao bem, à imagem ou ao serviço ofertado; e (2) diminuição de custos mediante abaixamento de preços, custos de conservação, facilitação da encomenda e envio ou responsabilização do fornecedor por algum risco, e não do cliente, o que deve ser feito via garantia.

3.1.3 **Entrega de alto valor para o cliente**

Quando o assunto é fidelização de marcas, firmas e/ou organizações, há uma variedade de graus possíveis. A fidelidade é um forte compromisso do consumidor em voltar a adquirir determinado bem ou recomendar a marca, por exemplo, repetidas vezes, mesmo em circunstâncias ou frente a esforços de marketing direcionados à alteração de comportamento de compra.

Nesse cenário, a proposição de valor é um grupo de benesses prometidas ao cliente que vai além do cerne de oferta em si, ou seja, há todo um cenário experiencial e de relacionamento a ser vivido com o fornecedor e o produto. Assim, o atendimento das expectativas dos clientes quanto à oferta de mercado vai depender do sistema de entrega de valor da empresa, o qual constitui as experiências a serem usufruídas pela clientela por meio do seu processo de aquisição. Esse sistema é composto de processos que auxiliam na entrega de valores distintos ao cliente.

Para Kotler e Keller (2012, p. 134, grifo do original), a satisfação do cliente e a forma como ela é tratada pelas empresas podem ser entendidas da seguinte maneira:

> De modo geral, a **satisfação** é o sentimento de prazer ou decepção que resulta da comparação entre o desempenho (ou resultado) percebido de um produto e as expectativas do comprador. Se o desempenho não alcançar as expectativas, o cliente ficará insatisfeito. Se alcançá-las, ele ficará satisfeito. Se o desempenho for além das expectativas, o cliente ficará altamente satisfeito ou encantado. As avaliações dos clientes sobre o desempenho de um produto dependem de muitos fatores, sobretudo do tipo de relação de fidelidade que eles mantêm com a marca. É comum

que os consumidores formem percepções favoráveis sobre um produto de uma marca a qual eles associam com sentimentos positivos.

Contudo, a meta principal das empresas não deve ser o atingimento de altos padrões de satisfação, mesmo tratando-se de organizações com enfoque no cliente. Isso porque há outros caminhos para a maximização de resultados que não o incremento na satisfação do cliente, uma vez que o aumento dela por si só pode resultar, inclusive, em lucros menores. Desse modo, há de se tentar atingir a satisfação mediante os recursos dispostos, mas atendendo a todos os interessados, desde os colaboradores da própria empresa até os clientes finais.

Ademais, como já mencionado, a satisfação está ligada a variáveis que envolvem a oferta, a qual é composta de uma promessa, uma proposta de valor, ou seja, são criadas expectativas para o cliente, que, se entregues em um nível muito alto, ultrapassando os recursos disponíveis pela empresa, podem causar decepção e atingir negativamente a sua imagem. Porém, se postas em nível muito baixo, são passíveis de atração insuficiente do público, ainda que satisfaçam os interesses da organização.

Várias organizações acompanham o modo como lidam com a clientela levantando os elementos que influenciam a satisfação, objetivando adaptar suas rotinas e atividades de marketing. Organizações preparadas mensuram o grau de satisfação de seus clientes periodicamente, pois se trata do caminho para a retenção destes, ou seja, uma clientela satisfeita continua por um longo período, adquire mais produtos mediante os novos lançamentos ou quando a empresa aprimora os atuais, recomenda aquela organização e as ofertas a ela atreladas, é menos susceptível a concorrentes e estratégias de preço. Adicionalmente, clientes fidelizados pelo alto nível de satisfação tendem a fornecer *feedback* dos produtos ofertados, a ter menor custo de atendimento quando comparado a novos, a causar retornos superiores e a reduzir riscos no mercado de ações.

3.2 Cultivo do relacionamento com o cliente

A empresa utiliza informações sobre seus clientes para realizar um marketing preciso, a fim de construir fortes relacionamentos de longo prazo. É fácil, por exemplo, distinguir 49 mensagens, personalizá-las e enviá-las pela *web* a uma velocidade incrível. Existem alguns aspectos sobre as informações para os clientes que estão relacionados aos dados que podem ser coletados, os quais permitem que o consumidor faça comparações antes de realizar uma compra. A internet facilita a a comunicação entre os consumidores, habilitando, assim, a interação e o compartilhamento de informações e de experiencias na aquisição de bens e serviços (Kotler; Keller, 2012).

Para Zeithaml, Bitner e Gremler (2014), o marketing de relacionamento (ou gestão de relacionamento com o cliente) é uma filosofia de negócios, uma direção estratégica que se concentra em manter e melhorar o relacionamento com os clientes existentes da empresa, em vez de prospectar nova clientela. A premissa dessa filosofia é que muitos consumidores e clientes corporativos preferem estabelecer relacionamentos de longo prazo com as organizações em vez de mudar constantemente os prestadores de serviços em busca de valor. Com base nisso, e assumindo que o custo de retenção de clientes é geralmente menor que o custo de atração de novos clientes, os profissionais de marketing têm de trabalhar duro para desenvolver estratégias que retenham os clientes.

Por fim, vale ressaltar que, de acordo com Kotler e Keller (2012), a construção da autonomia do consumidor se tornou um modo de vida para muitas empresas que tiveram de se ajustar a uma mudança de poder nos relacionamentos com clientes.

3.2.1 Gestão do relacionamento com o cliente

A gestão de relacionamento com o cliente (*Customer Relationship Management* – CRM) refere-se ao gerenciamento cuidadoso das informações detalhadas de cada cliente, visto que, para maximizar sua lealdade, todos os "pontos de contato" precisam ser avaliados, conforme afirmam Kotler e Keller (2012). Portanto, o **ponto de contato** com o cliente corresponde a todas as ocasiões em que ele entra em contato com a marca, o produto ou o serviço, desde sua experiência até a comunicação pessoal ou pública.

Já na perspectiva de Greenberg (2001, p. 22), o CRM é "um sistema para aumentar a interatividade entre o consumidor e a empresa, de maneira que a empresa possa manter o cliente em uma relação lucrativa de longo prazo".

Ao se utilizar efetivamente as informações sobre cada consumidor, o CRM permite que a empresa forneça um excelente serviço ao cliente dentro de um tempo real. Detendo conhecimento dos clientes, as empresas podem personalizar produtos, programas, mensagens e mídia. Dessa forma, o CRM é um dos maiores impulsionadores da empresa, além de ser um gerador de valor agregado com base em seus clientes (Kotler; Keller, 2012).

Fernandes et al. (2015) defende que o ciclo do CRM envolve quatro aspectos principais: (1) marketing, (2) vendas, (3) serviços e (4) suporte.

Figura 3.3 – **Ciclo do CRM**

Fonte: Elaborado com base em Honorato, 2020.

Em suma, o principal objetivo do CRM é a busca pela satisfação do cliente. Por sua vez, é necessário que este perceba o valor da empresa, o que pode ocorrer por meio da automação de processos e da personalização de serviços, focalizando em um atendimento melhor e mais rápido. Dessa forma, cumprindo essa função com excelência, conhecendo o cliente e suas necessidades, as informações obtidas pela organização serão usadas para satisfazê-los (Fernandes et al., 2015).

3.2.2 Marketing personalizado

Atualmente, o amplo uso da internet permite que profissionais de marketing substituam o estabelecimento de marcas influentes – prática corrente no mercado de massa nas décadas de 1950, 1960 e 1970, quando os clientes eram conhecidos pelo nome – por um novo método: o **marketing personalizado**. Essa metodologia visa garantir que a marca, e até mesmo o seu próprio marketing, seja relevante para o maior número possível de clientes, o que se torna um desafio, visto que não existem clientes iguais (Kotler; Keller, 2012). Sob essa perspectiva, a tecnologia transformou-se em um meio de aperfeiçoamento do marketing e de seu relacionamento com o cliente. Assim, as empresas utilizam ferramentas tecnológicas (*e-mail, sites, call centers* etc.) para desenvolver e manter contato permanente com seus clientes.

Kotler e Keller (2012) defendem que a organização também precisa perceber a importância dos componentes pessoais no CRM e ser sensível aos acontecimentos gerados pelo contato do cliente com os recursos disponibilizados. Os funcionários podem estabelecer fortes conexões com os clientes por meio de relacionamentos personalizados. Essencialmente, **uma empresa entusiasta transforma consumidores em clientes**.

Assim, o desenvolvimento do marketing personalizado diferencia consumidores e clientes. Os consumidores podem ser atendidos por qualquer pessoa disponível; os clientes, por sua vez, exigem que profissionais especializados encaminhem o atendimento, para o qual o marketing adota alguns conceitos específicos, quais sejam: marketing de permissão e marketing individual (*one-to-one*) (Kotler; Keller, 2012).

O **marketing de permissão**, de acordo com Kotler e Keller (2012), é uma prática de marketing que requer permissão explícita do consumidor-alvo e assume que os profissionais dessa área não podem mais usar o "marketing de interrupção" por meio das atividades de mídia de massa. Assim como outros métodos de personalização, o marketing de permissão também pressupõe que os consumidores saibam o que desejam. No entanto, em muitos casos, eles têm preferências incertas, ambíguas ou conflitantes. O marketing participativo é um dos métodos mais apropriados para se aplicar o marketing de permissão, pois tanto os profissionais da área quanto os consumidores precisam trabalhar juntos para descobrir como a empresa pode melhor atender às necessidades de seus clientes.

O **marketing individual** (*one-to-one*) é descrito por Peppers e Rogers (2012) como sendo um modelo de quatro etapas, que pode ser ajustado ao CRM da seguinte forma:

Figura 3.4 – **Etapas de marketing individual**

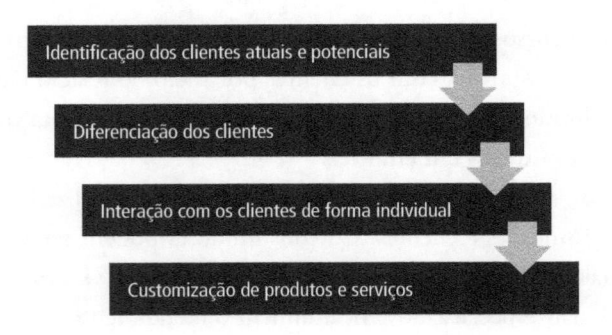

- Identificação dos clientes atuais e potenciais
- Diferenciação dos clientes
- Interação com os clientes de forma individual
- Customização de produtos e serviços

Fonte: Elaborado com base em Peppers; Rogers, 2012.

Primeiramente, a etapa de identificação dos clientes atuais e potenciais não compreende que a organização tem de ir atrás de todos os clientes, mas que deve estabelecer, manter e explorar um rico banco de dados de clientes, contendo informações de todos os canais de contato com eles.

Em seguida, a empresa deve diferenciar os clientes, principalmente no que diz respeito às suas necessidades e ao valor agregado para a organização, dedicando-se mais aos clientes mais valiosos. Para tanto, a empresa pode aplicar métodos de custeio baseados em atividades, tais como calcular o valor da vida útil do cliente, estimar as compras, os níveis de margem e o valor líquido de ganhos futuros, subtraindo os custos específicos para o atendimento ao cliente.

A interação com o cliente não é um fator menos importante, ela deve ser desenvolvida individualmente, a fim de que se possa conhecer mais profundamente as necessidades de cada cliente, construindo, assim, um relacionamento sólido. Dessa forma, as empresas têm potencial para desenvolver ofertas personalizadas, que facilitem a interação organização-cliente.

Por fim, a customização de produtos e serviços podem ser o ponto-chave para a aproximação e a permanência do cliente. Por isso, as empresas devem manter contato com o consumidor, disponibilizando, para isso, canais de atendimento que facilitem o contato de ambas as partes (empresa e cliente).

Cabe ressaltar que nem todas as empresas conseguem aplicar o marketing individual (*one-to-one*), pois, geralmente, sua execução requer uma coleta quali-quantitativa de informações e, além disso, muitos desses dados precisam ser atualizados constantemente pelo cliente. Adotando-se esse método, as empresas também têm de investir em *softwares* que construam e gerenciem o banco de dados dos clientes, sendo necessário investir, igualmente, em pessoas capacitadas para manuseá-los.

Nessa perspectiva, Zeithaml, Bitner e Gremler (2014) caracterizam como clientes "estranhos" aqueles que ainda não realizaram transações (interagiram) com a empresa e que podem nem estar cientes da existência da organização. No nível departamental, "estranhos" são os clientes que ainda não integram no mercado; no nível empresarial, incluem-se os clientes da concorrência. Logo, é evidente que existe um relacionamento entre a empresa e seus consumidores, sendo que o principal objetivo da organização, considerando-se esses clientes "estranhos" e em potencial, é se comunicar com eles para atraí-los e obter seu volume de negócios (Zeithaml; Bitner; Gremler, 2014). Dessa forma, os esforços do marketing devem estar voltados a esses consumidores, para que se familiarizem com as ofertas e as demandas da empresa e, possivelmente, tornem-se clientes.

Do mesmo modo, após o consumidor ter sido conquistado e a fase de avaliação finalizada, a familiaridade do cliente com a empresa está estabelecida e ambas as partes sabem qual é a base para o relacionamento de troca (Zeithaml; Bitner; Gremler, 2014). Nessa fase, o objetivo da empresa volta-se à satisfação do cliente, pois, na etapa de familiarização, o foco foi fornecer aos consumidores uma proposta de valor compatível com a concorrência. Para o cliente, o relacionamento de familiaridade mantém-se eficaz enquanto ele estiver relativamente satisfeito, o que implica considerar a troca suficiente. Portanto, segundo Zeithaml, Bitner e Gremler (2014), esse tipo de relacionamento facilita as transações, principalmente no que diz respeito à redução dos riscos percebidos pelos clientes e aos custos de fornecimento pelas empresas.

3.2.3 Empoderamento do cliente

Os profissionais de marketing, quando fornecem recursos e oportunidades que provam o entusiasmo do consumidor, ajudam esses clientes a se tornarem defensores da marca (Kotler; Keller, 2012). Embora haja muitos tópicos que discutam o poder dos novos consumidores de serem responsáveis, de definirem a direção da marca e de desempenharem um papel maior no marketing, de fato, poucos deles desejam participar ativamente das marcas que usam, e aqueles que participam colaboram apenas por um tempo determinado. Para os clientes, além das marcas que consomem, outros tantos fatores importam, como trabalho, família, *hobbies*, metas de vida, compromissos etc. Assim, diante dessa diversidade, é crucial entender a melhor maneira de promover uma marca.

À medida que a interação entre o cliente e a empresa avança, o nível de confiança também aumenta. O cliente, nesse momento, recebe uma cotação para participar de interações mais personalizadas. A confiança desenvolvida durante essa fase é condição necessária, mas não suficiente, para a expansão de parcerias entre cliente e empresa. Isso significa, em um plano ideal, que a confiança leva ao compromisso – condição necessária para a perspectiva temporal do cliente de expandir relacionamentos. Assim, o aprofundamento da confiança e a definição do comprometimento reduzem a necessidade de os clientes resolverem problemas da maneira tradicional, buscando "melhores opções". Portanto, a fim de transformar esse relacionamento em parceria, a empresa precisa usar o conhecimento e os sistemas de informações do cliente para gerar cotações altamente personalizadas (Zeithaml; Bitner; Gremler, 2014).

Embora a recomendação de parentes e amigos ainda seja o canal de mais influência do comprador, Kotler e Keller (2012) apontam que a indicação dos consumidores anteriores tem se tornado um fator de tomada de decisão cada vez mais importante. Dada a crescente desconfiança de algumas organizações e sua publicidade, alguns *sites*, por exemplo, já oferecerem análises resumidas sobre determinado produto, além de deixarem públicas as opiniões individuais. Assim, os consumidores podem mesurar os prós e contras dos produtos classificados como negativos ou positivos, o que faculta em uma menor frustração e devolução da mercadoria, logo, economiza o capital de varejistas e fabricantes.

Kotler e Keller (2012) exemplificam que as empresas que vendem *on-line* costumam publicar suas sugestões da seguinte maneira: "Se você gosta dessa bolsa preta, vai gostar desta camisa vermelha". Esse "filtro" só é possível porque as ferramentas de *software* facilitam a "descoberta" do cliente ou de seus desejos, estimulando compras não planejadas.

Por outro lado, as empresas que vendem *on-line* precisam garantir que suas tentativas de estabelecer um relacionamento com seus clientes não sejam violadas, bem como que os "bombardeios" de sugestões, gerados por programas de computador, não percam o controle e desviem o cliente do alvo. Os varejistas de comércio eletrônico têm de estar cientes das limitações da personalização *on-line* e, ao mesmo tempo, precisam encontrar tecnologias e processos realmente viáveis (Kotler; Keller, 2012).

Zeithaml, Bitner e Gremler (2014) esclarecem que descobrir as expectativas do cliente é fundamental na prestação de um serviço de qualidade ou até mesmo no momento da venda de um produto. A pesquisa do cliente, portanto, configura-se como uma maneira eficaz de entender as expectativas e as percepções desse consumidor. Desse modo, se uma empresa promove pesquisas com seus consumidores, mas não presta atenção aos tópicos relacionados às expectativas deles, também não poderá saber como atender às necessidades desses clientes, que mudam constantemente. Assim, essa pesquisa precisaria se concentrar em questões relacionadas ao produto ou ao serviço, tais como: características que os clientes julgam mais importantes; elementos ou ações desejadas por eles e que são passíveis de serem efetuadas – quando houver um problema no produto ou na execução de um serviço, essas medidas podem ser amplamente consideradas.

3.2.4 Atração e manutenção da clientela

As empresas que pretendem expandir os lucros e as vendas devem gastar muito tempo e recursos procurando novos clientes. Para gerar potenciais clientes, a empresa pode criar anúncios e divulgar por meio da mídia, responsável por distribuir esse conteúdo a novos consumidores. Ainda, é possível enviar malas diretas e *e-mails* a clientes em potencial, além de incentivar a participação da equipe de vendas em feiras do setor-alvo, nas quais o grupo pode descobrir novas oportunidades de vendas e comprar registros de consumidores de empresas especializadas (Kotler; Keller, 2012).

Todavia, as empresas não devem pensar apenas em atrair novos clientes, mas também em retê-los, com uma perspectiva de expandir seus negócios. Existem diversos casos veiculados na mídia, em jornais etc., sobre empresas que perderam ou tiveram deserção de muitos clientes. Considerando-se tal situação, atrair clientes sem sanar esses problemas é como adicionar água a um balde furado, visto que alguns dos fatores tomados como insatisfatórios por eles incluem necessidades e expectativas não atendidas, além de baixa qualidade, alta complexidade de produtos e/ou serviços e erros de cobrança.

Nesse sentido, a "teoria do balde" apresenta o marketing como um grande balde, em que o trabalho é realizado pelos programas de vendas, publicidade e promoção, melhorando o nível de negócios, que ocupa a borda do balde. Assim, independentemente de esses planos serem eficazes, o balde permanece cheio. Contudo, o recipiente tem um pequeno problema, um furo: quando a operação enfraquece e o cliente não fica satisfeito com o produto ou serviço fornecido, o relacionamento torna-se tenso e as pessoas começam a deixar o balde (a empresa), deixando de recomendá-lo para novas pessoas (Zeithaml; Bitner; Gremler, 2014).

Figura 3.5 – **Teoria do balde**

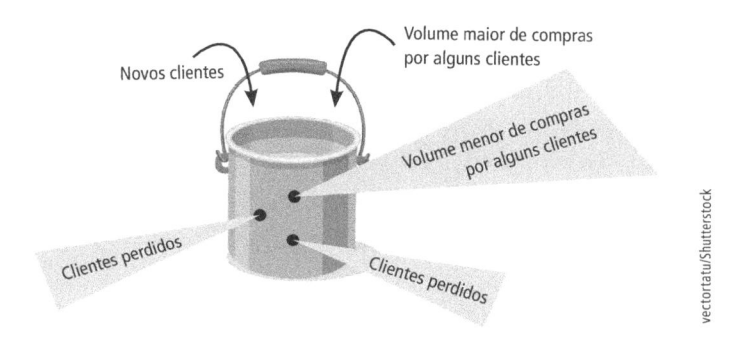

```
                    Volume maior de compras
      Novos clientes    por alguns clientes

                    Volume menor de compras
                       por alguns clientes

   Clientes perdidos         Clientes perdidos
```

Fonte: Zeithaml; Bitner; Gremler, 2014, p. 172.

A redução da taxa de deserção de clientes está ligada ao atendimento das características apresentadas na Figura 3.6, a seguir.

Figura 3.6 – **Características da deserção do cliente**

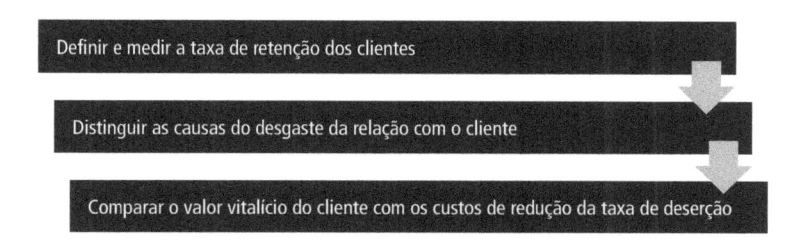

- Definir e medir a taxa de retenção dos clientes
- Distinguir as causas do desgaste da relação com o cliente
- Comparar o valor vitalício do cliente com os custos de redução da taxa de deserção

Fonte: Elaborado com base em Kotler; Keller, 2012, p. 146.

Assim, para distinguir a causa do desgaste no relacionamento com os clientes e para empregar uma administração mais eficiente, é preciso buscar os motivos da deserção, entre os quais estão: negligência, baixo nível de serviço, baixa qualidade do produto ou alto preço. Entendidas essas razões e tomadas as atitudes para saná-las, não há nada a se fazer para que os clientes não deixem a empresa.

Vale ressaltar que a organização deve investir na manutenção do cliente quando, ao comparar o valor vitalício desse cliente com os custos de redução da taxa de deserção, o custo de prevenção da deserção for menor que o lucro perdido.

3.3 Gestão de marcas

A marca é parte fundamental do patrimônio das empresas, ainda que componha capital intangível da organização, e está sob competência do corpo de marketing tanto a responsabilidade pela criação quanto a determinação de seu valor.

Criar uma marca que se torne imponente no mercado é um trabalho árduo e que demanda investimentos de várias ordens, dedicação de longo tempo, planejamento e inovação. As marcas que atingem esse nível de respeitabilidade são fortes concorrentes na fidelização de clientes.

Nesse cenário, salientamos uma importantíssima habilidade do gestor de marketing, o chamado *brand equity*, que se traduz na criação, na manutenção, no aprimoramento e na proteção da marca. Segundo Kotler e Keller (2012, p. 258) uma marca corresponde a

> um bem ou serviço que agrega dimensões que, de alguma forma, o diferenciam de outros produtos desenvolvidos para satisfazer a mesma necessidade. Essas diferenças podem ser funcionais, racionais ou tangíveis — isto é, relacionadas com

o desempenho do produto. E podem também ser mais simbólicas, emocionais ou intangíveis — isto é, relacionadas com aquilo que a marca representa ou significa em termos abstratos.

Nesse sentido, o *branding* está presente há muito tempo na forma de diferenciação entre os mesmos bens de um fornecedor e de outro. Na era medieval europeia, as antigas associações já exigiam o emprego do *branding* em produtos, com o objetivo de resguardarem-se frente a mercadorias inferiores. Atualmente, as empresas implementam o *branding* não somente para a segurança da qualidade dos produtos por elas produzidos, mas também visando a manutenção dos benefícios percebidos mediante as experiências de consumo dos clientes, com o intuito de, assim, aprimorar os patrimônios financeiros.

3.3.1 O escopo do *branding*

A marca é, apesar de esforços e investimentos de marketing, afixada na mente dos clientes, pois trata-se de um elemento de percepção advindo do real, que inspira os sentidos daqueles que a consomem.

Nesse sentido, Kotler e Keller (2012, p. 259) definem o *branding* como responsável por

> dotar bens e serviços com o poder de uma marca. Tem tudo a ver com criar diferenças. Os profissionais de marketing precisam ensinar aos consumidores "quem" é o produto — batizando-o e utilizando outros elementos de marca para identificá-lo —, a que ele se presta e por que o consumidor deve se interessar por ele. O branding diz respeito a criar estruturas mentais e ajudar o consumidor a organizar seu conhecimento sobre os produtos de modo a tornar sua tomada de decisão mais clara e, nesse processo, gerar valor à empresa.

Para que as estratégias de *branding* sejam bem-sucedidas e o valor da marca seja criado, os consumidores devem ser convencidos de que existem diferenças significativas entre as marcas que pertencem a uma categoria de produto. As diferenças entre as marcas muitas vezes estão relacionadas aos atributos ou às vantagens do produto em si.

Assim, o *branding* é passível de aplicação nos mais diversos campos de mercado, de forma que os clientes detêm múltiplas alternativas.

O *brand equity*, por sua vez, atrela o valor ao produto, de tal modo que influencia no comportamento dos clientes, quer dizer, no seu modo de pensar, sentir e reagir às marcas, aos preços, ao tamanho do mercado e aos lucros. A empresa, ao aplicar o *brand equity* baseando-se no cliente, colhe como resultado a vantagem de conhecer o marketing da marca que influencia no comportamento direto desses clientes. Assim, quando os consumidores respondem aos esforços de marketing de determinada marca, ou seja, tendem à aquisição/recomendação de seus produtos e/ou serviços ofertados no momento de seu reconhecimento, está-se diante de um *brand equity* positivo. De modo inverso, quando os consumidores tendem a não reagir aos esforços de marketing daquela marca, tem-se o *brand equity* negativo.

Há três elementos definidores dos conceitos de *brand equity*, vejamos:

1. O *brand equity* nasce da diferenciação quanto à reação dos clientes às marcas. Ou seja, na ausência de assimetrias, essas marcas funcionam como *commodities*, produtos de baixo valor agregado e, por isso, mais propensos a estratégias mercadológicas baseadas em preço.

2. A diferenciação das reações dos consumidores é consequência da experiência que eles tiveram com a marca, suas perspectivas, seus sentimentos e conteúdo. Assim, essas marcas precisam inspirar ligações poderosas, vantajosas e peculiares com os consumidores, pautando-se em certos valores, como a confiança.
3. O *brand equity* tem como consequência resultados sobre a percepção dos consumidores, suas predileções por determinada escolha, bem como suas respostas frente aos elementos mercadológicos, de modo que as marcas mais imponentes acabam alcançando os maiores ganhos.

Kotler e Keller (2012) listaram as vantagens de marketing empregadas por marcas fortes, que se resumem em:

- melhor percepção de desempenho do produto;
- maior fidelidade;
- menor vulnerabilidade às ações de marketing da concorrência;
- menor vulnerabilidade às crises de marketing;
- melhores margens;
- menos sensibilidade do consumidor aos aumentos de preço;
- mais sensibilidade do consumidor às reduções de preço;
- maior cooperação e suporte comercial;
- mais eficácia das comunicações de marketing;
- possíveis oportunidades de licenciamento;
- oportunidades adicionais de extensão de funcionários;
- maiores retornos financeiros de mercado.

Os gestores de marketing, a fim de criar uma impressão forte, devem assegurar aos consumidores as devidas experiências quanto à utilização de seus produtos e serviços visando a elaboração da estrutura ideal de assimilação da marca. Dito isso, o *brand equity* tem de ser compreendido como um propulsor estratégico das organizações, saindo de seu estado pretérito e encaminhando-se ao cenário futuro.

Desse modo, a assimilação da marca corresponde à direção do futuro ideal da empresa, uma vez que a promessa por ela ofertada espelha a visão empresarial de seu significado, imprimindo, nos clientes, perspectivas e sentimentos próprios, e pelos quais cada qual se responsabiliza. Assim, as respostas estarão no caminho percorrido, na maneira como ele foi trilhado, nas aprovações e/ou reprovações aos investimentos e às ações de marketing executados.

3.3.2 O papel das marcas

As marcas são responsáveis pela identificação de onde vêm os bens produzidos ou quem é seu fabricante, possibilitando, assim, que a clientela vincule a responsabilidade dos produtos adquiridos, sobretudo quanto à *performance*. Por isso, é possível comparar, de maneira distinta, produtos de atributos iguais, a depender do posicionamento da marca em análise. Os clientes, ao utilizar os produtos e adquirir determinada experiência, criam proximidade com as marcas e suas estratégias de marketing, assimilando aquelas que melhor atendem aos seus anseios.

Ademais, as marcas executam um papel importante para as organizações, tendo em vista que facilitam o manejo ou o acompanhamento de produtos, auxiliando a ordenação da estocagem e a própria contabilidade. Salienta-se, ainda, que elas fornecem segurança jurídica para as empresas, no sentido de resguardar recursos e atributos inerentes àqueles produtos. O nome atribuído à marca está protegido pela denominada *marca registrada*, bem como os processos fabris também estão seguros por meio de patentes, invólucros (pacotes, embalagens) e direitos autorais.

Dessa forma, as empresas estão resguardadas para seguir investindo em pesquisa e desenvolvimento de produtos, com o objetivo de angariar resultados competitivos que de fato entregam valor ao cliente.

A fidelização vinculada à marca enseja o comportamento previsível e seguro da procura por compra e eleva a dificuldade para empresas concorrentes entrantes naquele segmento. Nesse cenário, as empresas concorrentes que não detêm a fidelização precisam realizar maiores investimentos em esforços de marketing para sobrepor essas barreiras e assemelhar processos fabris, visando nivelar a concorrência daquelas empresas que já se estabeleceram e conquistaram a confiança dos clientes, de modo que **o *branding* é um agente da vantagem competitiva**.

Em suma, as marcas são ativos valiosíssimos às empresas, representando uma influência sobre o comportamento dos compradores. Tanto é verdade que certas marcas são adquiridas por quantias suntuosas em transações de aquisição e fusão empresariais, visando ganhos adicionais e, claro, com o intuito de economizar custos de investimentos de marketing na construção e no estabelecimento de uma nova marca.

Vanzyst/Shutterstock

CAPÍTULO 4

CONCEITOS DE EMPREENDEDORISMO E INOVAÇÃO

Neste capítulo, abordaremos o empreendedorismo e a figura daquele que é o agente desse movimento de inventividade na prática comercial: o empreendedor. A esse profissional é necessário um estudo de gestão, em que se aprende equilibrar quesitos gerenciais, informacionais, éticos, temporais e tecnológicos.

No percurso da caminhada empreendedora, requerem-se do empreendedor capacidades proporcionais ao seu caminho profissional. Inicialmente, é preciso ter ideias criativas, domínio de pesquisa, identificação de oportunidades e visão em profundidade, de modo a vislumbrar além do superficial. Para tanto, faz-se necessário a esse profissional conhecer onde habita, bem como a rotina e os riscos possíveis. Simultaneamente, há de se munir de criatividade, visando alcançar determinados objetivos nesse ambiente, como definiria Oech (1988), o empreendedor deve ser um caçador de ideias. Ou seja, deve buscar constantemente pela inovação.

Ademais, norteando esse caminho, Schumpeter (1982) apresenta a inovação como algo que corresponde a criar produtos, combiná-los com serviços, adicionar utilidades e aprimorar sua qualidade. Além disso, o autor aponta que, mediante o avanço tecnológico, há margem de criação de novas metodologias produtivas, as quais geram novos insumos e que, frente à redução de distâncias e entraves logísticos, novos mercados são passíveis de abertura local e internacional, considerando-se, obviamente, a realidade dos blocos econômicos vigentes.

Para Schumpeter (1982), os atuais fornecedores têm se mostrado agentes inovadores de negócios, de tal modo que provêm desde o fluxo de informações e recursos, insumos eletrônicos, tecnológicos, até os processos. Ainda, atualmente está em curso uma transição organizacional que perpassa as organizações formais clássicas até aquelas de base virtual, de uma estrutura de trabalho conservadora para o *home office,* das operações centradas na hierarquia à coparticipação. Assim, as organizações têm se transformado – das organizações clássicas às organizações virtuais, do ambiente de trabalho conservador ao trabalho em casa, das relações de dependência às relações de participação e cocriação.

Ademais, existe um caráter artístico no papel do empreendedor, de modo que a criação por meio de ideias passa por um processo de maturação visando à sua viabilidade. Assim, as habilidades aplicadas para criação e lapidação são díspares e se alteram no percorrer desse caminho empreendedor.

4.1 Características da ação empreendedora

O empreendedor é humano e gestor, uma vez que são indivisíveis o caráter profissional do pessoal. Quando escolheu empreender, esse sujeito, invariavelmente, colocou em movimento uma inter-relação de caráteres, mesclando conhecimentos técnicos e interpessoais. Ainda que a decisão por empreender seja o fundamento do trajeto empreendedor, ela não se mostra suficiente, pois é preciso vigiar de perto a autossabotagem, a fim de manter a resiliência no objetivo sonhado.

O empreendedor de sucesso é aquele indivíduo que se relaciona bem, está sempre antenado, em movimento, apto a perceber além da visão do homem médio e de ser produtivo nos diversos momentos do cotidiano. Importante dizer que não é o caso de exacerbar os limites, mas de desenvolver uma profunda afeição ao trabalho que desempenha e, com isso, alcançar o máximo de oportunidades possíveis, mantendo em equilíbrio seu corpo e sua mente.

Ao empreendedor é imputada uma função essencial para a garantia de sucesso do negócio, de tal maneira que sua atuação pode ser requerida emergencialmente a qualquer momento e, para tanto, tem de estar bem física e mentalmente. O foco, a atenção, o equilíbrio e a rotina ativa caracterizam o empreendedor como um indivíduo acima da média, por isso ele é visto, por alguns, como alguém dotado de talento nato, inalcançável para a maioria das pessoas. Essa aptidão, contudo, é imprecisa, porque, ainda que seja alguém dedicado, trata-se de um sujeito que se prepara com frequência para enfrentar novas situações, ou seja, é mais semelhante aos demais do que possa parecer, participa, portanto, de uma condição atingível.

Nesse cenário, alguém pode considerar que praticamente todos nós temos competência para ser empreendedores. Todavia, é necessário um exercício contínuo do "eu" nessa jornada de autoconhecimento, na qual é preciso estar atento às circunstâncias que envolvem o empreendimento e o empreendedor, dentro do cenário de atuação e de acordo com a função desempenhada no corpo organizacional.

4.2 O empreendedor como gerador de oportunidades

Nesse cenário, percebe-se que o empreendedor atua em diversas frentes, exigindo-se dele muito mais que somente seu empenho. A determinação do empreendedor deve estar voltada à identificação de oportunidades, bem como ao seu comprometimento, à sua persistência e à contínua busca por eficiência e qualidade. Adicionalmente, ele deve estabelecer objetivos, calcular riscos, desenvolver habilidades de persuasão e *networking*. Não obstante, do empreendedor, requer-se independência e *expertise* condizentes à necessidade de trabalho de informações, planejamento estratégico, controle e acompanhamento das iniciativas empreendedoras.

Dessa forma, para definir o perfil empreendedor, há de se considerar seu papel triplamente facetado que, segundo Cássia (2007), deve ser executado com primor por quem deseja empreender e que consiste em: (a) conceber bons juízos; (b) valorizar a imaginação; (c) ter determinação para não perder a perspectiva do sonho. Contudo, ao empreendedor também cabe a função administrativa, uma vez que tem de se debruçar sobre planos, organização, atividades, gestão de recursos e objetivos organizacionais. Ademais, esse profissional necessita deter conhecimento técnico a fim de pôr em prática aquilo que fora traçado no planejamento.

Caso um dos três papéis seja negligenciado, o resultado do trabalho será prejudicado. O trabalho de concepção de ideias e planejamento é fundamental, de modo que, se feito sem o devido cuidado, sua execução influenciará negativamente o resultado, bem como o oposto também é verdadeiro. Desse modo, é preciso equilibrar as habilidades de empreendedor, técnico e administrador visando a otimização do percurso em prol de resultados positivos.

Ao combinar e equilibrar esses elementos, cabe ao empreendedor a sistematização do comportamento, do conteúdo e da aprendizagem. O **comportamento** diz respeito ao empreendimento, sua inventividade, ao enfoque na articulação do trabalho interpessoal, na facilitação, no apego ao negócio e no desenvolvimento próprio do cenário futuro. O **conteúdo**, por sua vez, refere-se à procura pela inovação, por novos negócios ou pelo aprimoramento daqueles que já existem no âmbito dos produtos e/ou processos disponíveis.

Finalmente, a **aprendizagem** enseja a propensão ao aprendizado acerca de novos instrumentais, de novas relações que motivem a inventividade organizacional, ou seja, relaciona-se com a receptividade a novas perspectivas de atuação e concepção.

O Quadro 4.1 elenca as 18 características fundamentais para o empreendedor de sucesso.

Quadro 4.1 – **Características do empreendedor de sucesso**

Característica	Descrição
1. Capacidade de sonhar	Poder das ideias
2. Curiosidade	Questionar sempre "por quê?"
3. Intuição e visão de futuro	Sentimentos à flor da pele
4. Detectar oportunidades	O pote de ouro está logo ali
5. Criatividade e inovação	Viver a diferença
6. Iniciativa	Não deixar nada para amanhã
7. Coragem e ousadia	Quem não arrisca não petisca
8. Objetivos bem definidos	Desvios podem ser fatais
9. Paixão pelo negócio	O fogo que move montanhas
10. Disciplina	Meu nome é trabalho
11. Persuasão	Acreditar no que diz
12. Persistência	Ser duro na queda
13. Humildade	O sucesso não pode deslumbrar
14. Superação	Enfrentar obstáculos
15. Autoconfiança	Acreditar em si mesmo
16. Habilidade comercial	Sutilezas da arte de vender
17. Rede de relacionamentos	De mãos dadas com o poder
18. Liderança	Dois mais dois pode resultar em cinco

Fonte: Elaborado com base em Simões, 2005.

Esse grupo de características do perfil empreendedor tem relação com a figura do *Homem Vitruviano*, pintura de Leonardo da Vinci, de 1490, que apresenta o corpo humano em dimensão cartesiana.

Analogicamente, tomemos como exemplo as três primeiras características do empreendedor de sucesso: (1) capacidade de sonhar, (2) curiosidade e (3) intuição e visão de futuro. Esses são atributos que envolvem percepção e criatividade, uma vez que o sonho se traduz na capacidade pessoal de criar cenários e projetos, os quais precisam estar alinhados com os elementos ambientais mercadológicos fáticos, ou seja, o empreendedor tem de ser curioso para analisar as variáveis de mercado envolvidas e, com isso, enquadrar os projetos em uma prospecção de implementação futura e viável, em um esforço para prever as circunstâncias de mercado, detendo, assim, um controle parcial de sua ação.

O empreendedor pode ser visto como um profissional composto de dois espaços: material – em que se faz necessário o conhecimento gerencial, relacional, de controle, da ação financeira e dos recursos – e subjetivo (espaço do "eu") – relativo ao conhecimento de si, à imaginação, ao sensorial e à modelagem intelectual. Dito isso, o empreendimento solicita que haja interação e balanceamento entre essas partes, na busca, por um lado, do lucro (material), e por outro, do altruísmo (subjetivo).

Destarte, uma vez diante desses elementos e espaços, o empreendedor, ao tomar a decisão de adentrar nesse projeto e comunicando esse desejo, inicia o movimento de criação decorrente da fundamentação das bases da trajetória do empreender.

4.2.1 Sorte, criatividade e ação empreendedora

Conforme sabemos, o empreendedor é a peça-chave no âmbito de qualquer empreendimento. Ele é um ávido estudante de sua individualidade, vasculha o seu íntimo para se conhecer mais e melhor e, com isso, equilibrar seus sentimentos e ações. Esse espaço individual, interno, está relacionado a um espaço social, externo, no qual sujeitos são postos em interação. Nesse segundo ambiente, o empreendedor tem de compreender sua função em interface com os colaboradores, desempenhando sua atividade com ética, competência e empatia. Finalmente, o círculo mais externo envolve o todo, que engloba a prática cidadã do empreendedor, ou seja, um indivíduo que age socialmente e preocupa-se com valores ambientais, sustentáveis e éticos.

Apesar das características discutidas, alguns empreendedores caminham mais adiante na direção de alcançar seus objetivos, estabelecendo novas metas, novos sonhos, e desenvolvendo, assim, uma continuidade de seu aprendizado, materializando novos empreendimentos, eles são conhecidos como ***empreendedores gestores***.

O empreendimento contínuo em diferentes iniciativas não se trata de investir irresponsavelmente, mas de estabelecer um direcionamento aos objetivos e às metas, com o intuito de alcançar o cenário almejado, ou algum outro ainda maior. Dessa forma, o empreendedor está em constante aprendizado e preparação, uma vez que seu conhecimento e saúde são fundamentais na garantia de sucesso. Assim, cabe a ele saber lidar com riscos cotidianamente, de maneira inventiva e focada, mirando sempre no crescimento daquilo a que se dedica.

Como sabemos, a criatividade e a inovação são duas características fundamentais da prática empreendedora. A clientela almeja por novidade, a construção desse cenário e a atribuição de novos valores, novas oportunidades negociais, bem como outras maneiras de desfrutar do produto/serviço oferecido, são práticas que integram a estratégia empresarial, de modo que a atuação do gestor empreendedor é cuidadosamente calculada (Bolton; Thompson, 2000).

Visando assegurar a efetividade dos objetivos no trajeto empreendedor, faz-se necessária a absorção de características gerenciais ao comportamento profissional, as quais são explicitadas no Quadro 4.2.

Quadro 4.2 – **Características do empreendedor gestor**

Característica	Descrição
Planejamento	A construção de um empreendimento estável está atrelada à execução e à mensuração de resultados, aos programas e projetos desenvolvidos, bem como às metas e aos objetivos preestabelecidos.
Criatividade	Prezar pela busca do novo, pela resolução de problemas e pela combinação de produtos e serviços inovadores.
Inovação	Conceber novos produtos, processos e meios de negociação e gestão organizacional.
Perseverança	Persistir frente às dificuldades iniciais, uma vez que o trajeto é tortuoso, árduo e continuado.
Otimismo	Crer no negócio e no potencial empreendedor.
Entusiasmo	Compreender que, inicialmente, a propensão ao erro é maior, mas gera aprendizado e conhecimento para encarar situações futuras.
Ação	Tomar à frente na execução das ações.

Fonte: Elaborado com base em Schneider; Branco, 2012, p. 25.

Cabe ressaltar que, embora os requisitos não estejam preenchidos totalmente, o empreendedor tem de tomar a iniciativa para, na sequência, crescer nos demais âmbitos elencados. Segundo Aranha (2006), os fatores responsáveis pelo sucesso do empreendedor podem ser compreendidos pelas cinco vogais do alfabeto:

A – amor pelo que realiza;

E – experiência ou estratégia na construção dos sonhos;

I – inovação nos produtos ou processos e geração de novos canais de relacionamento;

O – oportunidade, reconhecimento, análise e implementação da situação percebida;

U – união, relacionamento interpessoal, capacidade de liderar indivíduos na construção de um objetivo.

O aperfeiçoamento do empreendedor pode se dar por algumas frentes, como a participação em aulas formais, em eventos na área de gestão empreendedora, em cursos no âmbito do desenvolvimento individual e da proatividade. Vale dizer que esses são apenas alguns exemplos, pois existem outras formas de se buscar aperfeiçoamento constante, a depender dos interesses de cada profissional.

4.2.2 Principais focos e tipos de ações empreendedoras

A decisão por empreender pode ser atribuída a diversos motivos, os quais estão intimamente ligados ao sujeito ativo dessa ação. De maneira geral, a busca pela felicidade circunscreve essa procura por uma melhor qualidade de vida, por novas aquisições materiais, por maiores ganhos financeiros etc. Assim, a felicidade está atrelada ao modo de empreender, não estritamente como meta, mas como uma jornada por meio da qual momentos contentes são vivenciados, em direção à concretização dos objetivos sonhados.

Os empreendedores têm vastas opções a explorar em seu caminho empreendedor, de modo que lhes é facultada a possibilidade de optar por um dos caminhos ou apontar para múltiplas direções, desenvolvendo aquelas que melhor se enquadrarem nos objetivos preestabelecidos. Nesse sentido, empreendedores podem escolher um caminho intraempreendedor, ou seja, empreender na organização em que laboram. Comumente as pessoas vinculam o empreendimento à abertura de um negócio, mas esta não é a única maneira de fazê-lo. Segundo Pinchot e Pellman (2004), o *intrapreneur*, isto é, aquele que empreende onde trabalha, são indivíduos que procuram o reconhecimento mediante a qualidade empenhada no exercer de suas funções, os quais, mediante orientação, motivação, autonomia e disponibilidade de recursos, tendem a impulsionar as organizações.

Como mencionado, a criação de empresas não é o único meio de empreender, tampouco trabalhar nelas é a única alternativa do empreendedor. A atuação em organizações não governamentais, associações, instituições privadas e públicas definem um tipo de **empreendedor social**. Esses empreendedores se realizam, claro, por meio do empreendedorismo, destacando-se pelas seguintes características:

- Procuram resolver problemas coletivos, como os presentes nas comunidades pobres, poluição do meio ambiente, violência urbana etc.

- Realizam-se na geração de soluções por bens ou serviços de cunho comunitário, como formação de profissionais ou iniciativas de melhoramento da saúde coletiva.
- Focalizam os problemas sociais, independentemente do setor ou das demandas por recursos necessários à obtenção de resultados positivos para a comunidade.
- Os indicadores de *performance* de satisfação individual são oriundos do aprimoramento da vida da comunidade, realizando-se por meio da concretização dos objetivos de terceiros.
- As ações têm como objetivo auxiliar indivíduos em necessidade sobre circunstâncias de vida, de modo que se tornam multiplicadores da transformação social.

Por outro lado, profissionais que procuram alcançar seus objetivos por meio da criação de negócios são denominados **empreendedores de negócios**, pois buscam ofertar produtos e serviços para segmentos mercadológicos, atendendo uma clientela existente. Tais empreendedores têm as seguintes características:

- São individualistas, de modo que suas metas se baseiam no alcance de seus objetivos pessoais, ainda que, consequentemente, os objetivos de outros não sejam atingidos.
- Os resultados de suas iniciativas, produtos e/ou serviços, são voltados aos mercados, cujos objetivos concentram-se no lucro e na satisfação de expectativas de compra.
- O indicador de *performance* é pautado na lucratividade, ainda que haja uma tendência de os empreendedores demonstrarem iniciativas de cunho socioeconômico responsável.

- Sua meta principal é a satisfação de consumidores clientes, aumentando a margem de participação em mercados e o potencial de atingimento dos objetivos pessoais com o desenvolvimento empresarial.

Dessa forma, percebe-se que a busca pela trajetória empreendedora pode tomar diferentes rumos e o empreendedor estará apto a assumir diversos papéis nesse caminho.

4.3 Conhecimentos, habilidades e atitudes: CHA empreendedor

O sucesso e o fracasso dos negócios coexistem, e, quanto mais cauteloso e proativo o empreendedor, maior a chance de que tudo corra bem. Dessa forma, uma empresa bem gerenciada tem como características: bom planejamento, objetivos claros, funcionários motivados e monitoramento contínuo dos empresários (Schneider; Branco, 2012).

O empreendedorismo consiste em uma nova força motriz das mudanças econômicas e sociais em todas as regiões ou sociedades, e é estabelecido por agentes com características únicas e variáveis, em que suas ações bem-sucedidas evidenciam seu CHA: conhecimentos, habilidades e atitudes.

Nessa perspectiva, o empreendedor deve combinar experiência e conhecimento com as necessidades do mercado. Portanto, o treinamento de empreendedores na administração e operação de negócios é fator fundamental para o sucesso dos empreendimentos, bem como os conteúdos básicos de administração, como marketing, custo, fluxo de caixa, incentivos de pessoal etc., que são a base de um bom gerenciamento de negócios (Schneider; Branco, 2012).

Quadro 4.3 – **Descrição do CHA**

Competência	Descrição
Conhecimentos	Saber e competência técnica
Habilidades	Saber fazer e experiência
Atitudes	Saber agir e postura comportamental

Fonte: Elaborado com base em Schneider; Branco, 2012, p. 35.

Tais conhecimentos, habilidades e atitudes auxiliam o empreendedor no desempenho de suas responsabilidades e, por consequência, na administração de seus negócios.

Ademais, Schneider e Branco (2012) afirmam que, ao buscar uma formação em habilidades gerenciais, os empreendedores evitam cometer alguns erros básicos, como apostar em algo de que gostam, mas para o qual não há mercado; agir somente em prol do mercado, independentemente dos gostos pessoais ou da habilidade em lidar com determinado negócio. Portanto, o empreendedor precisa entender a si mesmo, mas também o mercado no qual pretende atuar, desenvolvendo, para tanto, planos de negócios que o ajudem a combinar sonhos e realidade com o contexto mercadológico.

Na percepção de Sertek (2013), um plano de negócios é semelhante ao planejamento de uma viagem, pois devem ser conhecidos o roteiro, os objetivos, o lugar onde se está e aonde se quer chegar. Assim, faz-se necessário desenvolver um plano de voo, a fim de conhecer os obstáculos da trajetória, como chuva e mau tempo, por exemplo. Mesmo com todas as dificuldades, o mais importante é contar com uma ferramenta de navegação para enfrentar tais desafios, e esse instrumento é o **plano de negócios**, que deve apresentar os principais pontos a serem revisados antes de cada decisão, bem como definir uma meta a ser alcançada.

Entretanto, um plano de negócio só pode ser bem aproveitado quando sua utilidade está clara para o empreendedor. Vejamos, na Figura 4.1, algumas características úteis de um plano de negócio.

Figura 4.1 – **Características: plano de negócio**

- Apresenta uma sequência lógica de eventos, evidenciando os objetivos do negócio e as responsabilidades pela execução das fases.
- Orienta a tomada de decisão no que diz respeito à continuação do investimento ou à desistência do negócio.
- Orienta o planejamento da ação futura, precisando pontos de controle e medidas a serem empregadas.
- Direciona o rumo do negócio, pois indica o ponto do processo em que ele está, como está, qual é seu futuro, o que faz com que o gestor execute as devidas ações corretivas.
- Comunica ao mercado a postura do negócio, seus valores, sua conduta, sua política de atendimento ao cliente.
- Auxilia na avaliação do andamento do negócio.

Fonte: Elaborado com base em Schneider; Branco, 2012, p. 127.

Vale ressaltar, porém, que, mesmo prezando pelas características úteis do plano de negócios, o plano em si não é suficiente para garantir o sucesso de um negócio, pois a prospecção de cenários futuros, ainda que seja um importante instrumento na análise de circunstâncias vindouras, não garante a previsão completa. Assim, ao preparar o plano de negócios e formalizá-lo, é importante destacar todos os pontos importantes a serem verificados durante sua execução, incluindo as possibilidades de falhas, que, às vezes, por serem negligenciadas, tornam-se uma realidade que extrapola a direção e alcance dos negócios (Schneider; Branco, 2012).

Nesse sentido, o Sebrae (2004) apontou, diante dos resultados de uma pesquisa de mercado, que a maior razão para a "morte" de novos negócios está diretamente relacionada à falta de planejamento, seguida de defeitos de gestão e problemas de marketing. Portanto, se o plano de negócios é um programa que lista todas as informações sobre o sonho empreendedor, é importante fornecer dados que expressem essa ideia corretamente, ou seja, o plano deve funcionar como o cartão de visita do empreendedor. Por esse motivo, é necessário prestar atenção na qualidade e na quantidade de dados, bem como no relacionamento das pessoas com essas informações.

Embora o sucesso do empreendimento não esteja garantido com a elaboração do plano de negócios, caso, nessa etapa, seja realizado um mapeamento de ideias sobre o negócio, é possível executar um diagnóstico de viabilidade altamente expandido e reduzir significativamente os riscos envolvidos (Schneider; Branco, 2012). Entretanto, cabe salientar, mais uma vez, que o plano não é capaz de lidar com todas as variáveis, (promulgação de leis, novas tecnologias, mudanças por desastres naturais etc.), isto é, variáveis que têm características externas e que, por isso, não podem ser controladas, mas que apresentam grandes chances de afetar a eficácia do plano. Todavia, assumir riscos sem um plano de negócios é muito perigoso e, provavelmente, incidirá em falhas sobre o empreendimento.

4.4 Conceitos e características da criatividade

O estudo da criatividade passa, inevitavelmente, pelo entendimento de seu significado. Denotativamente, a criatividade é entendida como a criação de coisas por meio da imaginação e de ideias originais. As ideias inteligentes são o motor da inovação, por isso é necessário entender de que maneira elas são inventadas. Existem muitas pesquisas sobre criatividade, o que contribui na compreensão do seu funcionamento.

Para Schneider e Branco (2012), criar é algo incomum e útil, o que inclui a capacidade de perceber possibilidades, tolerar ambiguidade, reorganizar, fomentar pensamentos independentes, planejar, absorver um tipo de julgamento imparcial, perceber analogias, gerar ideias em grande número, mudar os métodos ou as opiniões e atribuir originalidade.

No decorrer do tempo, vários foram os recortes de estudo a respeito da criatividade, como o de Osho (1999, p. 13), que discute a abordagem filosófica do conceito e afirma: "a criatividade é divina e está na essência do homem. Além de ser natural, é a própria saúde da pessoa. Sem ela a pessoa não está verdadeiramente viva". Segundo esse autor, a criatividade exige alto grau de autoconhecimento, pois o caminho criativo é pessoal e cheio de obstáculos. Para superar essas dificuldades, é preciso voltar à infância, período mais criativo da existência, a fim de aprender sempre coisas novas, manter ativa a curiosidade, a concentração e o gosto pelos estudos, vivenciando momentos simples de felicidade e sonhos.

Já na abordagem de Barreto (1997), a criatividade é associada aos problemas, pois esse autor acreditava que uma pessoa só poderia ser criativa, ou a criatividade só seria desenvolvida, se existisse um problema a ser solucionado.

Em suma, há muitos estudos avançados sobre criatividade, o que evidencia sua importância, sobretudo para o sujeito que tem de fazer dela seu motor profissional.

4.4.1 A criatividade na ação empreendedora

A despeito do contexto no qual o empreendedor atua – nível pessoal, grupal ou universal – há uma questão essencial que deve ser observada: a criatividade. Na perspectiva de Predebon (2002, p. 27, grifo nosso) "a espécie humana tem a capacidade inata e exclusiva de raciocinar construtivamente. Essa capacidade produz o que tranquilamente pode ser chamado de *criatividade*".

Do fornecimento de produtos ou serviços, até suas atitudes, decisões, ações e opiniões, é necessário maximizar o potencial de inovação dos empreendedores. Afinal, manter a criatividade como parte da existência é uma das habilidades do empreendedor, porque ele sabe que a criatividade é uma característica excessiva, visto que sua essência é criativa (Schneider; Branco, 2012). No entanto, alguns empreendedores não acessam, não usam nem exercitam sua criatividade. Geralmente, segundo esclarecem Schneider e Branco (2012), os profissionais colocam muita "mão de tinta" em sua criatividade, para que, com o tempo, nem lembrem que têm uma habilidade estrutural tão importante e que deveria orientá-los.

Considerando as ideias propagadas por Maslow, Predebon (2002, p. 34) defendia que a "criatividade é característica da espécie humana: o homem criativo não é o homem comum ao qual se acrescentou algo; o homem criativo é o homem comum do qual nada se tirou".

No entanto, nesse caso, o contexto ainda é conflituoso, porque as pessoas dizem repetidamente que precisam se tornar empreendedores e, ao mesmo tempo, também assumem posturas e comportamentos que não são propícios aos requisitos dos empreendedores. Pensemos no seguinte exemplo: a escola e as famílias incentivam a formação de futuros bons profissionais, ou seja, que aqueles sujeitos se tornem pessoas qualificadas para o trabalho. Para tanto, diversas vezes, é preciso renunciar e seguir as regras a fim de obter segurança e tranquilidade. O mercado igualmente incentiva que esses empreendedores ocupem cada vez menos posições representativas e de tomada de decisão na empresa. Assim, as organizações tendem a "formatar" as pessoas para se adequarem à sua imagem profissional, formando um exército de "seguidores das regras", que as aceitam sem contestar e, por isso, deixam empregar qualquer tipo de iniciativa, criatividade e até mesmo vontade de persistir em direção a mudanças. Esses profissionais tornam-se rígidos, pouco criativos e inclusivos.

Portanto, esse é um aspecto desfavorável na formação dos empreendedores. Além da autocontradição, as organizações também exigem que os profissionais forneçam a sua imagem ao mercado, o que acaba conduzindo a uma obediência às regras estipuladas no ambiente organizacional. No entanto, vale ressaltar que já existem empresas que estão trabalhando de maneira diferente na relação entre o espírito empreendedor e criativo de seus funcionários (Schneider; Branco, 2012).

Bessant e Tidd (2019) acreditavam que a criatividade não acontece no vácuo. Ser capaz de inventar ideias novas e diferentes é um processo afetado por uma série de pressões externas que podem se tornar obstáculos e limitar a criatividade humana. Se a criatividade deve ser aprimorada, uma das atitudes mais importantes a se tomar é criar um ambiente físico e mental que a suporte.

Quando se trata de liderança e criatividade, uma questão desafiadora é levantada. Que a criatividade é essencial para o sucesso das ações empreendedoras, não há dúvida, mas, para isso, é preciso considerá-la um recurso no contexto da ação organizacional, e não apenas algo atrelado à capacidade dos empreendedores. Em outras palavras, a criatividade não deve ser exclusiva de um empreendedor, mas sim fazer parte de toda a equipe (Schneider; Branco, 2012).

Portanto, os empreendedores precisam desenvolver habilidades de liderança para criar um ambiente em que todos os funcionários se sintam criativos. Atualmente, as organizações percebem cada vez mais que o ambiente físico cria espaço para a interação e oferece aos funcionários diferentes incentivos e perspectivas, sendo catalisadores poderosos da criatividade.

Considerando-se a importância do espaço e da conscientização sobre o processo criativo, bem como os resultados obtidos pela empresa, líderes que se empenham em criar condições para coisas novas nascerem tornam as organizações mais ou menos criativas (Schneider; Branco, 2012). Essa característica foi apontada também por Hunter (2004), que afirmou que um líder deve ter um interesse especial no sucesso das pessoas que lidera. Um dos papéis de um líder é apoiar e incentivar seus seguidores a terem sucesso. Nesse sentido, o sucesso é produzido por ações que geram entusiasmo, despertam interesse e induzem ações dentro do escopo que todos se beneficiam.

4.4.2 O elo entre a criatividade, o empreendedor e a organização

Para se fazer pleno uso do potencial criativo de toda a equipe, é preciso mudar a postura e as condições circundantes fornecidas (Kraft, 2004). Essa atitude exige que o empreendedor seja curioso, tenha vontade de surpreender e sustente a coragem para quebrar certas barreiras de conhecimento, além, claro, de confiar em sua criatividade. Tais fatores contribuem para se criar um ambiente criativo ou, pelo menos, apontam caminhos que estimulam a criatividade (Kraft, 2004).

Os principais inimigos da criatividade são a visão limitada e a falta de inspiração, afirma Clegg (2000). Ações voltadas à criatividade envolvem o uso de técnicas desviantes do caminho de resposta padrão. Assim, a busca está em encontrar pontos de vista diferentes, o que não necessariamente é confortável, mas com certeza é a maneira mais eficiente de colocar novas ideias em curso.

Sob essa perspectiva, a criatividade é a base da inovação (Schneider; Branco, 2012). Sem uma boa ideia, não se pode inovar, por isso é crucial que o administrador seja criativo. Para tanto, pode executar alguns movimentos, realizar exercícios criativos e incorporar melhores hábitos, voltados ao desenvolvimento da capacidade criativa.

Na visão de Bessant e Tidd (2019), um dos problemas da criatividade é que as pessoas reagem rapidamente a coisas novas, normalmente citando razões impróprias a fim de manter o *status quo*.

Figura 4.2 – **Expressões mortais para a criatividade**

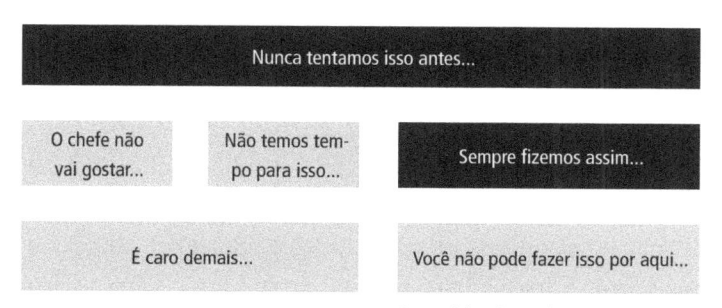

> Nunca tentamos isso antes...
>
> O chefe não vai gostar...
>
> Não temos tempo para isso...
>
> Sempre fizemos assim...
>
> É caro demais...
>
> Você não pode fazer isso por aqui...

Fonte: Elaborado com base em Bessant; Tidd, 2019.

Assim, para construir um novo negócio, melhorar o desempenho de uma organização ou ajudar empresas maduras a encontrar novas direções e pensar criativamente, a criatividade é vital (Bessant; Tidd, 2019). Contudo, não há uma injeção mágica que atue nesse âmbito. Pelo contrário, faz-se necessário estudar teórica e metodologicamente os caminhos de aprimoramento dessa habilidade, levando ao termo de modificar as condições de trabalho.

O sucesso de uma empresa depende da força de sua cultura e da clareza de seus objetivos, a junção desses dois aspectos cria uma força poderosa para que a organização possa se atualizar em todos os níveis. Por isso, tais ações ajudam a maximizar lucros e a aumentar a produtividade, garantindo a sustentabilidade, a competitividade e a satisfação de todos os funcionários, alcançando, assim, um tipo de **consciência da inovação**, em que a principal estratégia é identificar as necessidades e os problemas do mercado, transformando-os em produtos ou serviços para fornecer aos consumidores soluções eficazes.

A esta altura você pode estar se perguntando: Como ter certeza de que uma empresa não é criativa nem inovadora? Quando há comportamento disfuncional ou atmosfera organizacional que resiste às ideias criativas. De maneira geral, essas organizações têm estilos de gerenciamento conservadores, medrosos e burocráticos e não desenvolvem regras, procedimentos ou estruturas que estimulem a criatividade. Contrariamente, as empresas criativas e inovadoras reconhecem que seu sucesso, bom desempenho e poder de mercado dependem dos talentos que se destacam na área de criação.

Portanto, os programas de criatividade desenvolvidos pelas empresas visam tornar os funcionários, e a própria organização, mais criativos. Em um nível individual, esses programas permitem que os participantes da organização estejam abertos para absorver novos conceitos e ideias, além de promover maior satisfação no trabalho, independência profissional e comprometimento com a organização.

No nível organizacional, os canais de comunicação interna e externa também devem estar abertos. Para tanto, sugere-se o uso de sistemas e habilidades de grupo que envolvam diversas equipes. Igualmente importante é a aceitação de erros; o conhecimento das regras de tomada de risco; a assunção de uma cultura descontraída, não muito rígida, que seja livre para discutir ideias. Claro que, além disso, é preciso atribuir responsabilidades e contar com um sistema diferenciado de recompensa ou "punição", projetado para estimular a inovação de maneira contínua.

4.4.3 A inovação no contexto das oportunidades

Após um período criativo, no qual foi possível encontrar ideias proveitosas, os níveis de motivação e ansiedade dos empreendedores continuam a crescer, e é normal que desejem sair imediatamente em busca da realização de suas ideias. No entanto, ao fazer isso, esse profissional esquece momentos importantes de análise, avaliação, amadurecimento e planejamento da ação.

Antes de discutir os métodos de análise de oportunidades, é importante resolver um problema anterior: Como identificar as oportunidades inovadoras? Nessa etapa, a maioria das pessoas colabora para obter uma boa ideia com potencial inovador, mas é necessário investigar se de fato existem oportunidades de inovação.

Muitas vezes, a empresa tem como lema a inovação, por meio da qual se cria novas ideias que são concretizadas em produtos, serviços, processos e até mesmo estratégias. Assim, se a organização deseja inovar, o primeiro passo é **aprender a criar**. Entretanto, quando a criatividade é necessária, ela parece não existir *a priori*, pois, geralmente, está abafada na mente, dentro no corpo humano (Schneider; Branco, 2012). Criar coisas novas requer pleno uso do potencial criativo, portanto.

Nesse sentido, identificar oportunidades é um aspecto imprescindível do campo empresarial. Fundamentalmente, segundo Kuratko (2016), o empreendedorismo é discutido em torno das seguintes perguntas: Quando, como e por que são criadas oportunidades de bens e serviços na economia? Isso implica perceber quais oportunidades geram criar riqueza social e pessoal e, para tanto, é preciso considerar o processo de identificação de oportunidades como um dos principais desafios da pesquisa sobre empreendedorismo.

A esta altura, sabemos que a inovação é algo importante, mas ela não acontece automaticamente, sendo impulsionada pelo espírito empreendedor, o qual consiste em uma poderosa combinação de visão, paixão, vitalidade, entusiasmo, *insight*, bom senso e bom trabalho para transformar ideias em realidade (Bessant; Tidd, 2019). O poder de modificar produtos, processos e serviços vem de indivíduos, independentemente de atuarem sozinhos ou dentro da organização, por conseguinte, são eles que transformam uma ideia inovadora em realidade.

Para Bessant e Tidd (2019), as ideias inovadoras podem surgir de várias fontes e situações, podendo advir da inspiração, da transferência para outros ambientes, do atendimento às necessidades de um cliente, da pesquisa ou da combinação de ideias já existentes para projetar coisas novas. Ainda, podem suceder da construção de modelos alternativos para o futuro e da exploração de opções abertas nesse universo alternativo. Independentemente da fonte, o sucesso está atrelado a uma visão ampla das possibilidades iniciais, o que abre oportunidades interessantes de mudança. Essa atitude é o que diferencia empreendedores individuais bem-sucedidos, pois eles são capazes de perceber chances inovadoras e reais na floresta de possibilidades.

Um erro muito comum nas discussões sobre empreendedorismo é acreditar que, uma vez que a oportunidade foi descoberta, resta desenvolver e adquirir recursos para essa oportunidade. No entanto, na realidade, empreendedores iniciantes podem ter apenas ideias vagas sobre a fundação de uma nova empresa, sendo necessário, ainda, desenvolver a capacidade de identificar e avaliar oportunidades, fator-chave e decisivo para o sucesso de novos negócios. Nessa perspectiva, independentemente da origem das ideias, o desafio para os empreendedores é garantir que essa ideia se transforme em força motriz do processo de inovação. É bem verdade que a área do empreendedorismo pode ser motivadora em muitos aspectos, mas são as ideias que fazem o mecanismo todo funcionar, não a intensidade da motivação.

Para Dornelas (2018), as oportunidades geralmente são únicas porque o empresário pode passar muitos anos sem inovar, ou seja, sem criar novos produtos e, consequentemente, sem conquistar novos mercados e estabelecer parcerias que poderiam diferenciá-lo dos concorrentes. É por isso que muitas pessoas, ao reclamarem da falta de criatividade, trabalham duro, mas não veem seu esforço reconhecido, aceitando, por fim, essa "condição improdutiva" de sua criatividade. Os empreendedores de sucesso, porém, são diferentes. Eles estão sempre em busca de novas ideias de negócios e oportunidades reais de mercado, por isso permanecem atentos ao que acontece ao seu redor e estimulam sua curiosidade, sendo questionadores e adotando uma postura de quem não aceita a primeira explicação fornecida para o estado de coisas estabelecido.

Assim, antes de realizar uma análise estratégica e financeira detalhada, é necessário definir os processos de produção, bem como determinar necessidades de recursos financeiros e pessoais. Ou seja, antes de elaborar um plano de negócios completo, os empreendedores devem avaliar as oportunidades disponíveis a fim de evitar gasto de tempo e recursos, já que a ideia é agregar valor máximo a um negócio novo ou preexistente.

Considerando tais características, qualquer oportunidade pode ser analisada com base nos seguintes aspectos:

Figura 4.3 – **Aspectos de análise das oportunidades**

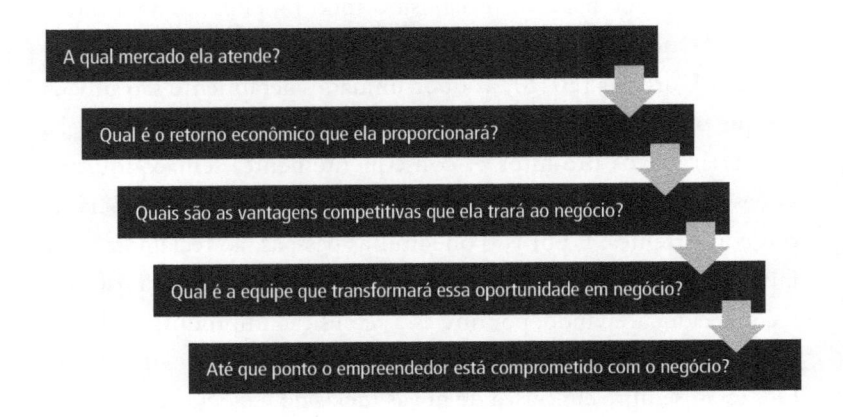

- A qual mercado ela atende?
- Qual é o retorno econômico que ela proporcionará?
- Quais são as vantagens competitivas que ela trará ao negócio?
- Qual é a equipe que transformará essa oportunidade em negócio?
- Até que ponto o empreendedor está comprometido com o negócio?

Fonte: Dornelas, 2018, p. 55.

Esses padrões permitem uma análise quantitativa da atratividade de oportunidades em relação ao mercado, além de ajudar nas questões de análise econômica, vantagens competitivas, habilidades e experiência do pessoal em negócios (Dornelas, 2018).

Portanto, não há regras que definam e difiram oportunidades boas de ruins. No entanto, os empreendedores têm de escolher e, na sequência, permanecer descobrindo novas chances, o que exige aguçado pendor para a exploração de novas ideias, ou seja, para o uso da criatividade.

Nikita Kacanovskis/Shutterstock

CAPÍTULO 5

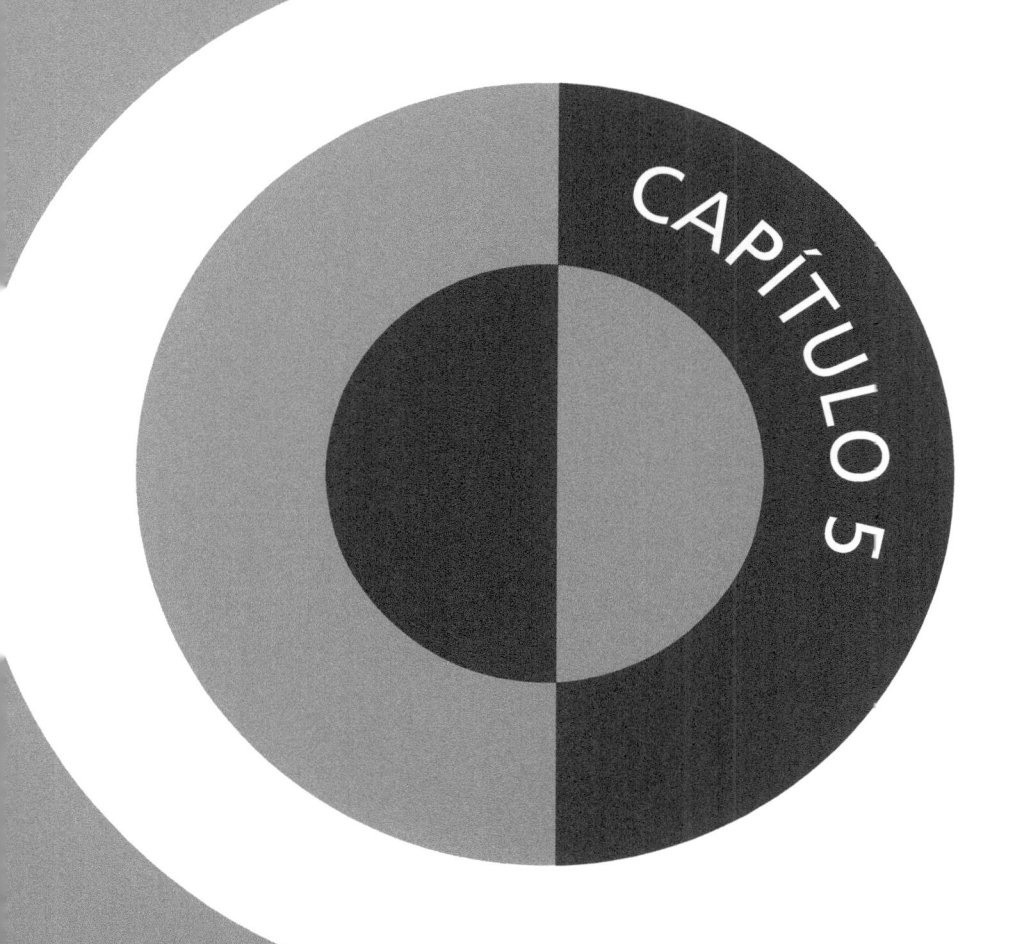

MODELOS DE NEGÓCIOS

Neste capítulo, conheceremos os tipos de modelos de negócios e suas respectivas características. A princípio, os modelos de negócios existentes são cinco:

1. desagregados;
2. cauda longa;
3. plataformas multilaterais;
4. grátis;
5. *freemium*.

A seguir, explicaremos esses padrões e o modo de funcionamento de cada qual, a fim de possibilitar o surgimento denovas ideias de modelos de negócios.

5.1 Desagregados

A definição de *organização desagregada* apresenta três modos distintos de negócios: (1) inovação de produto, (2) relacionamento com clientes e (3) infraestrutura. Esses negócios detêm, cada qual, características peculiares quanto à competitividade, à infraestrutura e à economia e podem existir de maneira inter-relacionada, contudo, preferencialmente, são "desagregados", compondo instâncias apartadas, que têm como objetivo mitigar problemas.

O conceito de *corporação desagregada* foi criado por John Hagel e Marc Singer (1999), que defendem que as organizações são configuradas com base nos três estilos de negócio supracitados. Analogamente, há autores que esclarecem que as empresas têm de se concentrar (a) na liderança do produto, (b) na excelência operacional e/ou (c) na intimidade com clientes. Assim, as empresas precisam dividir o negócio em partes e focar internamente em cada um, pois são liderados por diferentes elementos e passíveis de conflito entre si, de modo que podem gerar prejuízos para a organização.

Para Hagel e Singer (1999), a função do relacionamento com clientes está em aspectos como identificação e conquista. Assim como a inventividade tem o objetivo de criar serviços e produtos atrativos, os negócios de infraestrutura almejam conceber e gerir plataformas de rotinas com tarefas de alto volume.

O Quadro 5.1, a seguir, esquematiza os três tipos básicos de negócios.

Quadro 5.1 – **Três tipos básicos de negócios**

	Inovação de produto	Gestão do relacionamento com clientes	Gerenciamento de infraestrutura
Econômicos	A entrada antecipada no mercado permite cobrar preços de primeira linha e adquirir grande fatia do mercado; a velocidade é crucial.	Os altos custos para atrair clientes tornam imperativo fazer muito lucro; o escopo econômico é crucial.	Altos custos fixos tornam a produção de grandes volumes essencial para a obtenção de baixos custos unitários; a economia de escala é crucial.
Aspectos culturais	Luta por talento; barreiras baixas de entrada; muitos jogadores pequenos prosperam.	Luta por escopo; consolidação rápida; poucos jogadores grandes dominam.	Luta por escala; consolidação rápida; um reduzido número de jogadores grandes domina.
Competitivos	Centrada no funcionário; mimando as estrelas criativas.	Altamente orientada ao serviço; mentalidade de "cliente em primeiro lugar".	Focada no custo; reforça a padronização, previsibilidade e eficiência.

Fonte: Hagel; Singer, 1999 (tradução nossa).

O modelo de negócios desagregado tem como atributo indispensável a inovação em produtos e serviços de terceirização. O principal ativo e recurso é a confiança adquirida pelos clientes e assinantes ao longo do tempo. Tudo nesse modelo é adaptado para entender e atender aos clientes, construindo com eles um relacionamento sólido. Assim, conquistar e reter clientes é o principal custo, incluindo os custos de marca e marketing.

O negócio desagregado utiliza o processo de pesquisa e desenvolvimento (P&D) para trazer novos produtos e serviços ao mercado, os quais podem entrar nele diretamente ou por meio de intermediários (B2B), sendo a última a opção usualmente empregada e que se preocupa em preservar o relacionamento com os consumidores. Vale mencionar que os descontos, por exemplo, visam realizar plenamente os serviços de infraestrutura e, em geral, são entregues a clientes corporativos.

Por fim, esse modelo caracteriza-se por seu alto custo básico, proveniente da competição por talentos inovadores, que, devido à inventividade, facultam à organização a possibilidade de cobrar um valor-prêmio pelos produtos. Assim, a plataforma é caracterizada pela aplicação de altos custos fixos por escala e de alto volume. A receita, destarte, é baseada em baixas margens de lucro e altas vendas.

5.2 Cauda longa

O modelo cauda longa (*long tail*) se concentra em fornecer alto número de produtos de nicho, cada um com vendas relativamente pequenas. Agregar vendas de nicho pode ser tão vantajoso quanto adotar o modelo tradicional, visto que os produtos mais vendidos constituem um maior recebimento da renda. Esse modelo de negócios requer estocagem de baixo custo e uma plataforma poderosa, visando a entrega imediata de conteúdo direcionado e facilmente disponível para potenciais clientes.

Esse conceito foi proposto por Chris Anderson (1961-) para desenhar a mudança de paradigma no setor da mídia quanto à venda de uma grande quantidade de músicas populares atreladas a uma quantia significativa de produtos direcionados, cada nicho escoando em um número relativamente pequeno de produtos direcionados.

Anderson (2004) evidenciou que vendas pouco frequentes podem resultar em receita igual ou superior à receita gerada quando há uma concentração de vendas em produtos de sucesso. Segundo o autor, o crescimento desse evento no setor da mídia deve-se a três influências:

1. Democratização das ferramentas de produção – O declínio nos custos tecnológicos oferece às pessoas mais oportunidades de usar ferramentas anteriormente caras. Amadores conseguem produzir músicas, fazer vídeos curtos e desenvolver *softwares* simples profissionalmente.
2. Democratização da distribuição – A internet transfigurou o escoamento de informação em mercadoria de baixo valor agregado, de modo que os custos de armazenamento, transmissão e comercialização foram fortemente reduzidos, concedendo novas oportunidades a segmentos de nicho.
3. Redução do custo da conexão entre oferta e demanda – A dificuldade em vender conteúdo a mercados de nicho está na identificação de compradores. Ferramentas de pesquisa e indicação, análises de perfis de consumo de indivíduos e grupos são facilitadores desse processo.

O modelo de cauda longa apresenta provedores de conteúdo segmentado, os quais são os principais colaboradores desse padrão. A proposição de valor desse modelo se caracteriza por fornecer vários itens infrutíferos que coexistem com produtos "bem-sucedidos", bem como são passíveis da coprodução de conteúdo por meio de seus usuários.

O modelo cauda longa concentra-se, portanto, em nichos de clientes que produzem conteúdo direcionado a um público profissional ou amador, de modo que gera plataformas multilaterais na procura desses usuários. A principal característica desse modelo é a plataforma, pois suas atividades principais incluem o desenvolvimento e a manutenção dessa plataforma, bem como a compra de produção de conteúdo oriundo de nichos.

Os maiores custos contidos nesse modelo de negócio incluem o incremento e a conservação da plataforma. Assim, a cauda longa está fundamentada na associação de diversos recebimentos para um alto volume de itens. A fonte de renda varia, de modo que pode vir de publicidade, assinaturas ou vendas. Esse tipo de modelo geralmente depende da rede mundial de computadores como um meio de relacionamento ou de transação com sua clientela.

5.3 Plataformas multilaterais

As plataformas multilaterais unem dois ou mais grupos diferentes e interdependentes de clientes. Desse modo, um grupo de clientes tem seu valor somente em face de outros grupos, de tal modo que as plataformas geram valor promovendo a interação entre diferentes grupos, o que se denominou *efeito de rede*, ou seja, a plataforma cresce mediante a atração de novos usuários. Para os economistas, a plataforma multilateral é chamada de *mercado multilateral* e corresponde a um fenômeno comercial importante. Tais plataformas já funcionam há algum tempo, mas se multiplicaram com o desenvolvimento da tecnologia da informação (TI). Cartões de crédito, sistemas operacionais, revistas digitais, mecanismos de busca, consoles de *videogames* e redes sociais são exemplos de plataformas multilaterais populares mundialmente.

Plataformas multilaterais reúnem dois ou mais grupos de consumidores distintos e interdependentes, atuando como intermediárias na criação e na vinculação de valores. Para tanto, a fim de gerar valor, a plataforma precisa atrair todos os grupos e atendê-los ao mesmo tempo. É por isso que, para um grupo desses usuários, o valor da plataforma depende principalmente do número de usuários do outro lado da plataforma. Para atingir essa gama de consumidores, é possível subsidiar o portifólio de clientes, que corresponde ao operador da plataforma. Usualmente, opta-se pela atração de segmentos para um lado da plataforma por meio de propostas de valor de baixo preço ou gratuitas; os demais usuários são atraídos para o outro lado.

Os avaliadores dessas plataformas devem se fazer algumas perguntas importantes: É possível atrair clientes suficientes para cada lado? Qual parte é mais sensível a alterações de preço? Esses clientes podem ser atraídos pela gratuidade do produto? A outra parte gerará renda suficiente para pagar esses subsídios?

As plataformas multilaterais assumem o padrão de proposição de valor, mas criam valor em três espaços principais: (1) ao atrair os grupos de usuários por meio de segmentos distintos; (2) ao combinar esses grupos; e (3) ao guiar as transações pela plataforma a fim de reduzir custos. Esses modelos de plataformas negociais têm estruturas diferentes: detêm dois ou mais grupos de clientes segmentados com propostas de valor inerentes e com uma fonte de renda própria. Além disso, os referidos segmentos são interdependentes, ou seja, um não pode existir sem que outros grupos de clientes também existam.

Cada grupo de clientes gera diferentes fontes de receita. Um ou mais segmentos de público-alvo podem usufruir de promoções de gratuidade ou descontos subsidiados pela receita de outros segmentos de público-alvo. Nessa lógica, a escolha dos segmentos é determinante para o sucesso desse tipo de modelo.

Por fim, o custo majoritário desse modelo está no aprimoramento e na conservação da plataforma, de modo que o seu eixo fundamental é a própria plataforma, que, normalmente, tem três atividades principais: gestão, fornecimento de serviços e promoção.

5.4 Grátis

No modelo de negócios grátis, pelo menos um grupo importante de clientes pode continuar se beneficiando de serviços gratuitos. Nele, diferentes padrões tornam a gratuidade possível, de modo que clientes não pagantes são financiados por outra parte do modelo de negócios ou por outro grupo de clientes.

Coletar itens gratuitos sempre foi uma proposta de valor atrativa, pois a demanda gerada por um item gratuito é superior àquela de um produto de qualquer preço superior. Nos últimos anos, expandiram-se as ofertas em gratuidade. Obviamente, a questão que se abre é:

Como prover produtos e serviços de graça e ainda obter lucro? Parte da resposta é que o custo para gerar certos descontos foi bastante reduzido. No entanto, para serem lucrativos, as organizações que o fazem gratuitamente devem ter fontes de renda alternativas.

Existem vários *standards* para integrar de forma gratuita produtos e serviços na empresa. Com base no modelo de plataforma multilateral aqui apresentado, alguns modelos gratuitos tradicionais são bem conhecidos, por exemplo, a publicidade. Com o aumento dos serviços fornecidos pela internet, os modelos gratuitos, como serviços básicos grátis e serviços *premium* pagos, tornaram-se cada vez mais populares, sendo chamados de *modelo freemium*.

Chris Anderson (2008) auxiliou na difusão do modelo grátis, defendendo que o crescimento da provisão gratuita está fortemente relacionado a uma economia radicalmente diferente de bens e serviços digitais. Por exemplo, escrever e registrar músicas custa muito ao artista, mas o custo da cópia e da distribuição digital na internet é quase zero. Portanto, desde que o artista encontre outras fontes de renda (como apresentações e vendas), ele pode divulgar e disseminar músicas para o público em todo o mundo por meio da internet.

Em suma, existem três padrões distintos que oferecem opções viáveis para a manutenção de um modelo de negócios grátis. De início, é preciso considerar que cada negócio tem uma economia básica distinta, mas todos dividem um recurso em comum: um grupo de clientes, por menor que seja, se beneficia de ofertas gratuitas. Sob essa perspectiva, os padrões viáveis para a manutenção de negócios desse tipo são: (a) produtos gratuitos alocados em plataformas multilaterais (fundamentados em anúncios); (b) serviços simples em gratuidade e serviços *premium* alternativos (*freemium*); e (c) modo "isca", no qual as cotações iniciais são fornecidas gratuitamente ou com um preço mais barato, a fim de atrair usuários e fazer que comprem novamente em outras oportunidades.

As ofertas gratuitas podem ser mantidas por meio de uma fonte de recebimentos tradicional bem conhecida: a publicidade. Ela permeia diversos canais como televisão, jornais e *internet*, alcançando públicos-alvo segmentados. Uma forma singular de aplicação da gratuidade está no uso de plataformas multilaterais especializadas nesse ramo. Assim, em um extremo da plataforma, objetiva-se atrair usuários por meio de produtos, serviços e conteúdo gratuitos. A outra parte, por sua vez, gera recebimentos comercializando ambientes para anúncios.

Os padrões de publicidade gratuitos das plataformas multilaterais fundamentam-se em certos produtos ou serviços e na alta rotatividade de usuários. Essa dinâmica é atrativa aos anunciantes, que passam a realizar cobranças de modo a financiar a gratuidade de serviços e produtos.

Os principais custos desse modelo estão atrelados ao aprimoramento e à conservação da plataforma, sendo que os custos de criação e manutenção de tráfego de dados também podem aumentar. Esse tipo de plataforma de negócio demanda estrutura suficiente para abarcar o grande fluxo de informações dada a alta demanda pelas ofertas em gratuidade. Assim, o alto volume de acessos é favorável à visualização dos anúncios.

5.5 Freemium

O conceito de *freemium* foi criado por Jarid Lukin e promovido, posteriormente, pelo capitalista de risco Fred Wilson, em seu *blog* pessoal. Esse modelo de negócio baseia-se na *web* e combina serviços *standard* gratuitos e pagos. O intuito do modelo *freemium* é se beneficiar da grande gama de usuários fornecida gratuitamente.

A característica principal do *freemium* é sua grande base de clientes advinda de ofertas gratuitas. Dessa forma, esse público usualmente experimenta as ofertas e adquire as funcionalidades pagas. Assim, os usuários pagantes financiam as operações das atividades gratuitas, uma vez que os custos de manutenção destas são baixos.

A manutenção das operações desse modelo de negócio está pautada em dois indicadores: (1) média de custo por usuário dos serviços gratuitos e (2) conversão de clientes de serviços gratuitos em clientes de serviços pagos. Os serviços gratuitos têm atributos limitados, como espaço de armazenamento e número de postagens por período. Geralmente, nesses casos, cobram-se taxas anuais para *upgrades* de conta e liberação de acesso a recursos ilimitados.

Dito isso, o cerne do *freemium* é a plataforma, uma vez que, por meio dela, é possível ofertar serviços *standard* a baixo custo. Ressaltamos, ainda, que a estrutura de custos nesse modelo de negócio é segmentada em três características: (1) alto custo fixo; (2) baixo custo marginal das ofertas gratuitas; e (3) custos rateados para os produtos *premium*. Dada essa lógica de negócio, o relacionamento com o cliente tem sua estrutura construída sobre a tecnologia da informação intensiva, com automação, visando sempre o baixo custo mediante à manutenção do alto fluxo de usuários de produtos gratuitos.

O Quadro 5.2, a seguir, resume os padrões de negócio mencionados até aqui (com exceção do *freemium*).

Quadro 5.2 – **Modelos de negócio**

	Desagregados	Cauda longa	Plataformas multilaterais	Grátis
Contexto (antes)	Um modelo integrado combina gerenciamento de infraestrutura, inovação de produto e relacionamento com o cliente sob um mesmo teto.	A proposta de valor visa apenas os clientes mais lucrativos.	Uma proposta de valor se direciona a um segmento de clientes.	Uma proposta de valor de alto valor e alto custo é oferecida apenas a clientes pagos.
Desafios	Os custos são muito altos. Diversas culturas organizacionais conflitantes estão combinadas em uma única entidade, resultando em compensações desnecessárias.	Direcionar a segmentos menos lucrativos com proposta de valor específica é muito caro.	A empresa não consegue adquirir novos clientes potenciais que estejam interessados em acessar a base de clientes existente (ex.: desenvolvedores que queiram chegar aos usuários de consoles).	O alto preço afasta os clientes.
Solução (depois)	O negócio está desagregado em três modelos separados, porém complementares, lidando com: • gerenciamento da infraestrutura; • inovação de produto; • relacionamento com o cliente.	A proposta de valor nova ou adicional visa um número maior de segmentos de clientes historicamente menos lucrativos e de nicho – que, quando agregados, são lucrativos.	Uma proposta de valor que dê acesso a um segmento de clientes existente da companhia é adicionada (ex.: um fabricante de consoles para jogos fornece aos desenvolvedores de *software* acesso aos seus usuários).	Diversas propostas de valor são oferecidas a diferentes segmentos de clientes com diferentes fontes de receita, um deles livre de custo (ou custando muito pouco).

(continua)

(Quadro 5.2 – conclusão)

	Desagregados	Cauda longa	Plataformas multilaterais	Grátis
Lógica	Melhorias nas ferramentas de gerenciamento e TI permitem separar e coordenar diferentes modelos de negócios com custo mais baixo, eliminando assim as compensações indesejadas.	Melhorias em TI e no gerenciamento de operações permitem fornecer propostas de valor adequadas a um grande número de novos clientes com custo baixo.	Um intermediário operando uma plataforma entre dois ou mais segmentos de clientes adiciona fontes de receita ao modelo inicial.	Segmentos de clientes não pagantes são subsidiados pelos clientes pagantes, para atrair o maior número possível de usuários.
Exemplos	Bancos privados Telefonia celular	Indústria editorial (Lulu.com) LEGO	Google Consoles de jogos Nintendo, Sony e Microsoft Apple iPod, iTunes, iPhone	Anunciantes e jornais *Metro* Flickr Código aberto Red Hat Skype (*versus* operadoras de telecomunicação) Gillette Barbeador e lâminas

Fonte: Osterwalder; Pigneur, 2011, p. 118-119.

5.6 Concebendo ideias de modelos de negócios

Tradicionalmente, a maior parte da indústria caracteriza-se por adotar modelos de negócio de liderança, fato que se alterou de forma radical nos últimos tempos. Atualmente, a projeção de negócios considera diversas alternativas de posicionamento de mercado, de modo que as organizações concorrem entre si e detêm variados modelos de negócio em um mercado comum, dissolvendo barreiras entre setores, as quais se somam ou somem.

Ao tentar criar opções de modelo de negócios, o desafio enfrentado está em ignorar o cenário pragmático e descartar o enfoque nas iniciativas de operações, com vistas a possibilitar novas concepções efetivas. A inovação do modelo de negócios significa não se voltar para o passado, porque nele estão projetadas variáveis e complexidades que podem desmotivar os gestores, ou seja, pode ocorrer uma percepção de impossibilidade futura.

Desse modo, a inventividade na concepção de modelos de negócio está em analisar os elementos concorrenciais visando a criação de valor e a busca por lucro por meio de novos métodos. Inovar na criação de modelos de negócios é trabalhar na mudança, desafiar o pragmatismo, estudar a projeção da originalidade no atendimento de problemas e sua solução para os diferentes tipos de clientes, desde a clientela insatisfeita até os potenciais novos clientes.

Para produzir alternativas inovadoras e aprimoradas, é necessário desenvolver ideias com concepções próprias e, em seguida, reduzi-las a um rol de opções cabíveis. Assim, a criação do conceito é o momento em que o profissional dedica a maior parte de seu tempo; é nessa hora que ele sintetiza e debate as ideias, filtrando efetivas alternativas potenciais. Vale salientar que criar modelos alternativos não quer dizer, necessariamente, elaborar modelos inovadores, mas existe margem para aperfeiçoamentos frente às restrições dos atuais modelos. Assim, é possível conceber modelos de negócios pioneiros partindo de iniciativas diversas como os epicentros de inovação.

5.6.1 Construindo modelos de negócios com base em *insights* de clientes

Empresários podem não perceber, mas desenham modelos de negócios todos os dias quando delineiam estratégias, programas, projetos e processos organizacionais. Para tanto, é preciso considerar diversos elementos, desde a concorrência, normas legais, até mesmo os instrumentais tecnológicos a serem empregados. Nesse sentido, os gestores são desafiados pela área de design diante da necessidade de imprimir sua marca em âmbitos desconhecidos, o que exige um aprimoramento de conhecimentos e da capacidade de gestão.

A empresa investe muito dinheiro em pesquisa de mercado, mas acaba ignorando o ponto de vista do cliente com relação ao design de produtos e serviços, o que poderia orientar modelos de negócios. Assim, embora as empresas apliquem grandes volumes de recursos em pesquisas de mercados, elas ainda falham na apreciação da perspectiva dos clientes sobre seus produtos e modelos de negócios. Nesse aspecto, gestores que são bons designers tendem a não falhar, pois percebem o modelo do negócio pela perspectiva dos clientes, vislumbrando novas oportunidades, o que não quer dizer que essa visão seja o único *input* a ser considerado no quesito inventividade, mas, sem dúvida, resguarda grande importância.

A efetividade de inovações demanda empatia quanto à perspectiva dos clientes e, mais que isso, requer a compreensão de ambientes, rotinas, preferências e motivações. Desse modo, os gestores do design de modelos de negócios são desafiados a entender sua clientela, de modo a fundamentar as tomadas de decisão futuras mediante o desenho dos referidos modelos. Várias empresas líderes em mercados mundiais investem em pesquisa de mercado por meio da contratação de profissionais que realizam pesquisas sociais, objetivando entender a visão do cliente quanto a produtos e serviços ofertados, de modo a aprimorá-los.

Da mesma forma, seguindo essa metodologia, pode-se ensejar a criação de novos modelos de negócio aperfeiçoados. Nesse cenário, empresas do setor de consumo organizam viagens para conectar, por exemplo, CEOs e clientes, grupos de trabalho e ambientes de loja. Em grandes indústrias, o contato com clientes é rotineiro; o movimento empregado por esses profissionais é o de compreender aquilo que o cliente deseja e, além disso, adotar uma perspectiva de inovação de negócio que ultrapasse o horizonte de compreensão do consumidor comum.

Para isso, é preciso saber quem escutar, pois os futuros segmentos de sucesso podem estar, hoje, perifericamente posicionados, de modo que gestores que abraçam o desafio da inovação precisam expandir seus horizontes para além do portfólio de clientes atual e se inclinar à captação de clientes entrantes, atendendo às suas demandas latentes.

5.6.2 Fontes de receita

As fontes de receita correspondem ao capital gerado pela organização oriundo de seus segmentos de clientes. O cuidado dos gestores no tocante a esse indicador é fundamental, pois o lucro é calculado com base na subtração dos custos atinentes à receita da empresa, ou seja, trata-se, *grosso modo*, de se perguntar: Quais preços os segmentos da organização estão aptos a pagar? A resposta a esse questionamento possibilita desenvolver fontes de renda diversas e direcionadas a segmentos distintos do negócio. Sob essa ótica, as estratégias de preço são flexíveis, uma vez que, a depender da realidade de cada segmento, diferentes ferramentas podem ser adotadas.

Os serviços, de caráter intangível, são considerados fontes de renda e baseiam-se em uma taxa de uso diretamente proporcional, como é o caso dos serviços de telefonia, hotelaria, taxas de assinatura, academias ou plataformas digitais de música.

Outra fonte de renda são os empréstimos, aluguéis ou *leasing*, que compartilham do direito temporário sobre um produto ou serviço por um período determinado. As propostas de valor, por exemplo, estão na posse sobre o bem, sem que os locatários arquem, contudo, com os custos da propriedade.

Ademais, o licenciamento é uma fonte de renda que cede o direito à propriedade intelectual mediante o pagamento de taxa. Ele possibilita ganhos de receita diante do cliente adquirente daqueles direitos sem a necessidade de produto ou transação de serviço. Exemplo corriqueiro desse tipo de captação de renda ocorre nos canais de mídia, em que o conteúdo é licenciado e seus proprietários resguardam direto sobre as cópias.

A taxa de corretagem é mais um método de aquisição de receita. Ela é proveniente de serviços de intermédio entre partes contratantes que funcionam mediante o pagamento de comissões, como corretagem ou operações de crédito.

Os anúncios, por sua vez, resultam do pagamento de taxas mediante a exposição de produtos, serviços ou marcas. A publicidade é um exemplo clássico desse tipo de aquisição de receita, estratégia ostensivamente aplicada pela indústria midiática como captadora de recebimentos.

As diferentes fontes de receita têm distintos mecanismos de precificação, de modo que a definição do tipo escolhido tem grande impacto na receita alcançada. Nesse âmbito, existem dois mecanismos principais de precificação: o preço dinâmico e o preço fixo. O Quadro 5.3, a seguir, apresenta esquematicamente esses dois tipos de mecanismo.

Quadro 5.3 – **Mecanismos de precificação**

Precificação fixa Preços predefinidos baseados em variáveis estáticas		Precificação dinâmica Os preços mudam com base nas condições do mercado	
Preço de lista	Preços fixos para produtos, serviços ou outras propostas de valores individuais.	Negociação (barganha)	Preço negociado entre dois ou mais parceiros, depende do poder e/ou das habilidades de negociação.
Dependente da característica do produto	O preço depende do número ou da qualidade das características da proposta de valor.	Gerenciamento de produção	O preço depende do inventário e do momento da compra (normalmente utilizado para recursos esgotáveis, como quartos de hotel ou assentos de linhas aéreas).
Dependente dos segmentos de clientes	O preço depende do tipo e de todas as características dos segmentos de clientes.	Mercado em tempo real	O preço é estabelecido dinamicamente, com base na oferta e na demanda.
Dependente de volume	O preço fica em função da quantidade comprada.	Leilões	Preço determinado pelo resultado de um leilão competitivo.

Fonte: Osterwalder e Pigneur, 2011, p. 33.

Assim, há várias maneiras de se criar fontes de renda. O modo de aquisição de uma fonte de receita mais amplamente difundido é aquele realizado por meio da comercialização direta de produtos físicos.

5.6.3 Recursos principais

Um recurso pode ser definido como qualquer elemento considerado ponto forte ou fraco de uma empresa (Wernerfelt, 1984). Formalmente, os recursos caracterizam-se como ativos (tangíveis e intangíveis) e estão semipermanentemente vinculados à empresa. O componente de recurso principal descreve os elementos mais importantes e necessários que precisam ser implementados no modelo de negócios.

Osterwalder e Pigneur (2011) defendem que todo modelo de negócios solicita a implementação de recursos principais, visto que permitem que a empresa crie e forneça sua proposta de valor ao mercado, mantenha relacionamentos com sua base de clientes e gere receita. Para tanto, dependendo do modelo de negócios, são necessários diferentes recursos principais. Não obstante, esses recursos podem se dividir em físicos, financeiros, intelectuais ou humanos. Ademais, eles podem ser de posse de alguma empresa ou alugados por ela ou, ainda, adquiridos de parceiros-chave.

No que se refere aos **recursos físicos** (materiais), incluem-se nessa categoria os ativos físicos, como edifícios, fábricas, máquinas, equipamentos, instalações, veículos, matérias-primas e redes de distribuição.

Os **recursos intelectuais** correspondem a marcas, conhecimentos particulares, patentes e registros, parcerias e bancos de dados, e são cada vez mais importantes. Osterwalder e Pigneur (2011) acreditam que os recursos intelectuais são difíceis de desenvolver, mas, uma vez criados com sucesso, podem fornecer um imenso valor para a organização.

Em todas as empresas existem **recursos humanos**, do presidente ao funcionário responsável pela limpeza, aqui estão abarcadas, portanto, todas as pessoas de todos os níveis que integram a organização. De fato, os funcionários são os únicos recursos vivos e inteligentes em uma empresa e capazes de lidar com todos os outros recursos de negócios. As pessoas são particularmente importantes em certos modelos de negócios. Por exemplo, os recursos humanos são cruciais nas indústrias criativas e de conhecimento (Osterwalder; Pigneur, 2011).

Por fim, os **recursos financeiros** são os recursos monetários, como capital, caixa disponível ou banco, crédito, investimento, contas a receber etc. Alguns modelos de negócios, segundo esclarecem Osterwalder e Pigneur (2011), exigem recursos financeiros e/ou garantias, como dinheiro e linhas de crédito ou opções de ações para contratar funcionários-chave.

A falta de um desses recursos impede o processo de produção e disponibilidade de bens e serviços, bem como a expansão da organização no mercado. Portanto, todos os recursos de negócios são importantes para o desenvolvimento e o processo empresarial.

5.6.4 Atividades-chave do negócio

Os principais componentes da atividade descrevem as medidas mais importantes que a empresa deve adotar para que seu modelo de negócios funcione. Nessa perspectiva, todo modelo de negócios requer que inúmeras atividades importantes sejam empregadas, sendo essas ações fundamentais para que uma empresa opere com sucesso. Para tanto, as empresas precisam criar e fornecer proposições de valor, entrar no mercado, manter relacionamentos com os clientes e gerar receita. Atendendo esses principais recursos, as atividades variam de acordo com o tipo de modelo de negócios (Osterwalder; Pigneur, 2011).

Por conseguinte, as atividades-chave de um negócio podem ser categorizadas conforme a Figura 5.1, a seguir.

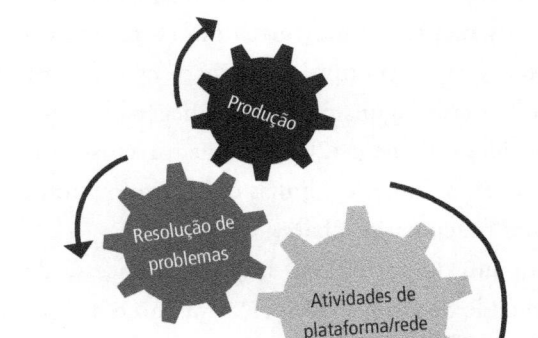

Figura 5.1 – **Atividades-chave de um modelo de negócio**

Fonte: Elaborado com base em Osterwalder; Pigneur, 2011.

A **produção** está relacionada ao desenvolvimento, à fabricação e à entrega de grandes quantidades e/ou produtos de alta qualidade.

As atividades de produção dominam o modelo de negócios de manufatura, por exemplo.

A **resolução de problemas** diz respeito à busca de novas soluções para problemas específicos do cliente. Empresas de consultoria, hospitais e outros prestadores de serviços geralmente são liderados por atividades de solução de problemas. Seu modelo de negócios requer ações, como o gerenciamento de conhecimento e o treinamento contínuo.

Os modelos de negócios que projetam seus principais recursos em plataformas são dominados, principalmente, pelas **atividades de plataformas ou de rede**. Nesse sentido, as redes, o *software* e até mesmo as marcas podem servir como plataformas. Com isso, as principais atividades, nessa categoria, estão relacionadas ao gerenciamento, à provisão de serviços e à promoção de plataformas.

5.6.5 Principais parcerias

O principal componente da parceria tem como função descrever a rede de fornecedores e parceiros, sendo responsável pelo funcionamento do modelo de negócios. As empresas estabelecem parcerias por vários motivos, e estas se tornam parte essencial de muitos modelos de negócios. As organizações constroem alianças com o intuito de otimizar modelos, reduzir riscos ou obter recursos (Osterwalder; Pigneur, 2011).

Nesse sentido, as parcerias podem ser discriminadas em quatro tipos distintos, conforme apresenta a Figura 5.2, a seguir.

Figura 5.2 – **Tipos de parcerias**

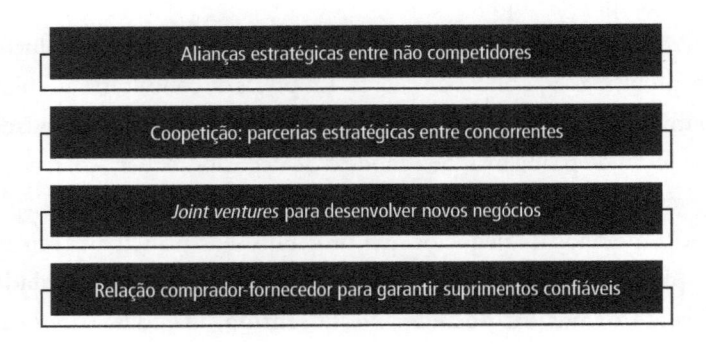

- Alianças estratégicas entre não competidores
- Coopetição: parcerias estratégicas entre concorrentes
- *Joint ventures* para desenvolver novos negócios
- Relação comprador-fornecedor para garantir suprimentos confiáveis

Fonte: Elaborado com base em Osterwalder; Pigneur, 2011, p. 38.

Nessa linha de raciocínio, podemos destacar que a existência de parcerias é fundamentalmente um elemento motivador para o desenvolvimento da organização. Para tanto, cabe explicitar alguns tipos de parcerias que colaboram para que essa forma de trabalho seja incrementada.

Para Osterwalder e Pigneur (2011), a forma mais básica de parceria ou de relacionamento comprador-fornecedor visa otimizar a alocação de recursos e atividades, sendo denominada *otimização e economia de escala*. É incoerente que uma empresa tenha todos os recursos e execute todas as atividades individualmente. Em regra, uma parceria com otimização de escala é formada para reduzir custos e, geralmente, envolve terceirização e infraestrutura compartilhada. Em um ambiente competitivo incerto, as parcerias podem ajudar a reduzir os riscos e suas incertezas. Não é incomum os concorrentes formarem alianças estratégicas em um campo e outro.

Portanto, poucas empresas têm todos os recursos ou realizam todas as atividades descritas em seu modelo de negócios. As organizações confiam em outras empresas para expandir suas capacidades de produção de recursos específicos ou realização de certas atividades. Tais parcerias podem surgir da necessidade de adquirir conhecimento, licenças ou contatar clientes (Osterwalder; Pigneur, 2011).

A *joint venture* é uma modalidade peculiar de associação de empresas, baseada na criação de uma terceira empresa independente, com o objetivo de concretizar negócios de interesse dos associados, mediante a conjugação de esforços, capital, conhecimentos técnicos e investimentos em tecnologia. Nela pratica-se um controle conjunto da forma de compartilhamento, que é contratualmente convencionado e atrelado ao controle de negócio, o qual existe somente quando decisões sobre as atividades relevantes exigem o consentimento unânime das partes que compartilham o controle. Trata-se de um empreendimento controlado em conjunto (*joint venture*), ou seja, é o acordo contratual em que duas ou mais partes se comprometem com a atividade econômica, sujeita ao controle conjunto.

O processo de formação das *joint ventures* ocorre por meio da assinatura do contrato com a divisão do poder entre as controladoras; das contribuições de cada participante; de normas internas; e da possibilidade de participação de outros investidores. Em seguida, são estabelecidos os direitos e as obrigações dos *ventures* (parceiros); bem como as condições comerciais da parceria, os critérios para a distribuição e outras utilizações dos lucros, o plano de auditoria, controle, verificações e fiscalizações das contas.

Nesse cenário, muitas empresas têm optado por realizar suas comercializações por meio de comércio eletrônico, também conhecido como *e-commerce*, o qual se traduz na capacidade de ofertar produtos e serviços pela internet. Existem várias maneiras pelas quais as organizações vendem seus produtos pela internet, entre as principais está o desenvolvimento de *websites* corporativos (Czinkota; Ronkainen, 2008).

Outro método interessante de parceria são os **licenciamentos**, que correspondem a um jeito de simples de ocupar o mercado internacional. O licenciador concede a uma empresa estrangeira (licenciado) o uso de processo de fabricação, marca registrada, patente, direitos de reprodução (*copyrights*), tecnologia, *know-how* técnico e/ou habilidades de *marketing*, tudo isso mediante o pagamento de *royalties*. Assim, o licenciador consegue entrar no país estrangeiro sob baixo risco; e o licenciado, por seu turno, passa a dominar o processo de produção de um produto e/ou marca conhecidos. O licenciamento representa, portanto, receitas de intangíveis de importação e exportação (Czinkota; Ronkainen, 2008).

5.6.6 Estrutura de custos

Ao se analisar a estrutura de custos em um modelo de negócios, é importante descrever todos os custos envolvidos nas operações. Para isso, são necessários o entendimento e o mapeamento correto do que são custos e despesas.

Os **custos** correspondem a todos os gastos relativos à aquisição de matéria-prima, mão de obra e gastos gerais de fabricação (aluguéis, depreciações, energia elétrica, entre outros) para a produção de mercadorias.

As **despesas** são os gastos da empresa com relação à manutenção de sua estrutura e de sua administração, abrangendo as seguintes áreas: comerciais, vendas, financeiro, entre outras. Embora similares, esses dois conceitos são facilmente confundidos. A diferença primordial entre eles é a relação direta com o processo de fabricação.

Na perspectiva de diferenciação dos modelos direcionados há o custo e o valor. O modelo de negócios orientado pelos custos concentra-se, tanto quanto possível, na redução dos custos. Essa abordagem tende a criar e a manter a menor estrutura de custo possível por meio do uso de propostas de baixo custo, de automação máxima e de terceirização extensiva (Osterwalder; Pigneur, 2011).

Já os modelos direcionados ao valor, ao estarem menos preocupadas com o custo do modelo de negócios, concentram-se na criação de valor. As proposições de valor personalizadas de alto nível geralmente são características dos modelos de negócios orientados a valor (Osterwalder; Pigneur, 2011).

Outra característica importante na avaliação da estrutura de custos é aprender a diferenciá-los. Geralmente as empresas têm custos diretos e indiretos, bem como custos fixos e variáveis.

Os **custos diretos** são aqueles diretamente relacionados ao produto. Eles são mensuráveis porque devem ser incluídos nos cálculos de produção considerados de forma separada. Por estarem diretamente vinculados aos produtos da empresa, não é necessário a utilização de algum critério de rateio.

Os **custos indiretos** são aqueles que não podem ser relacionados a um produto específico. Para que ele seja alocado a um produto é necessária a utilização do critério de rateio, ou seja, a alocação arbitrária do custo ao produto por meio de um método desenvolvido pelo gestor.

Quadro 5.4 – **Exemplos de custos diretos e indiretos**

Custos diretos	Custos indiretos
Matérias-primas usadas para a fabricação de um produto	Materiais indiretos (graxas, lubrificantes, lixas, entre outros)
Mão de obra direta (funcionários da fábrica)	Mão de obra indireta (funcionários de departamentos auxiliares)

Os custos também podem ser classificados de acordo com sua **periodicidade**. Os custos fixos não são afetados pela produção e pela alteração do processo. Já os custos variáveis estão diretamente relacionados à produção da empresa e podem sofrer alterações entre os períodos.

Quadro 5.5 – **Exemplos de custos fixos e variáveis**

Custos fixos	Custos variáveis
Aluguel	Comissões
Serviços de vigilância e segurança	Fretes de venda
Telefonia	
Limpeza	Outros insumos diretos
Manutenção	

Algumas das razões pelas quais as empresas competem em um mercado global são conquista e retenção de clientes satisfeitos, adaptação a mercados dinâmicos por meio de planejamento estratégico, orientado para o mercado.

Na abordagem das economias de escala, segundo Osterwalder e Pigneur (2011), à medida que a demanda aumenta, as empresas tiram proveito do custo. É só pensar que grandes empresas se beneficiam, por exemplo, de taxas de juros mais baixas ao comprar em atacado. À medida que a demanda aumenta, esse e outros fatores levam a um declínio no custo unitário médio. De acordo com Czinkota e Ronkainen (2008, p. 172) "as atividades globais permitirão a exploração de economias de escala, não apenas na produção, mas também em atividades de marketing, como campanhas publicitárias".

Nesse cenário, segundo Kotler (2000), o planejamento estratégico orientado para o mercado corresponde a um processo de balanceamento entre recursos, habilidades e objetivos de uma organização e as oportunidades de um mercado em constante mudança. O objetivo principal do planejamento estratégico orientado para o mercado é assegurar lucros via formatação dos negócios.

Entretanto, se adotadas as medidas de economias de escopo, tendo em vista a finalidade do negócio e por ele ser mais amplo, as empresas podem tirar proveito de suas vantagens de custo (Osterwalder; Pigneur, 2011). Por exemplo, em uma empresa grande, as mesmas atividades de marketing ou canais de distribuição podem suportar vários produtos. Assim, a padronização de produtos pode resultar em significativas economias de custos na cadeia produtiva. A maioria das montadoras reduziu o número de plataformas oferecidas mundialmente, a fim de obter maiores economias de escala.

Ademais, além do mapeamento da estrutura de custos, é preciso conhecer as possíveis forma de organização desses custos. Para isso, cabe à empresa estar atenta aos seguintes aspectos:

- estoques elevados;
- desperdícios;
- *insights* sobre produtos,
- fornecedores;
- planejamento tributário;
- estrutura de custos.

Portanto, a manutenção da estrutura de custos de uma empresa depende do cuidado para não formar **estoques elevados**, pois acabam detendo recursos que poderiam ser aplicados em outros investimentos ou outra área da organização. A resolução de um problema como esse solicita que se empregue, o quanto antes, uma gestão dos desperdícios.

Os *insights*, por sua vez, ajudam a melhorar os produtos e a perspectiva de inovação na organização.

Nesse sentido, também é fundamental se escolher bons **fornecedores**, pois são eles que distribuem a matéria-prima da organização, sendo igualmente responsáveis pela diversificação do negócio.

O **planejamento tributário** é salutar em uma organização, pois reduz os custos tributários, de acordo com a legislação, e contribui para que a empresa economize.

Por fim, a organização precisa conhecer sua **estrutura de custos**, visto que ela é responsável por garantir o desenvolvimento financeiro e por manter os produtos em destaque no mercado.

Vale relembrar que o mapeamento de modelos de negócios é diferente da projeção de modelo de negócios. Para tanto, faz-se necessário um esforço criativo que desenvolva ideias para serem escolhidas posteriormente. Tal processo é chamado de *concepção*, no qual a compreensão sobre conceitos é fundamental para a criação de potenciais modelos de negócio.

LianeM/Shutterstock

CAPÍTULO 6

IDENTIFICAÇÃO DE OPORTUNIDADES

Uma vez que as organizações detêm conhecimento dos ambientes mercadológicos que ocupam, passam a entender melhor as oportunidades que oferecem. Mediante análise interna, as empresas podem identificar qual é o tipo de uso que seria mais bem empregado tendo em vista seus recursos, suas capacidades e suas competências essenciais únicas. Esses elementos compõem o arcabouço da vantagem competitiva empresarial, que é influenciado pela unicidade das competências essenciais, uma vez comparado com a concorrência.

A gerência do que se pode fazer – análise do ambiente interno – ou daquilo que se poderia fazer – análise do ambiente externo – fornece a capacidade de medir a intenção estratégica e de centralizar determinada missão, de modo a direcionar e executar as estratégias organizacionais. Vale salientar que a tomada de decisão gerencial envolve recursos, capacidades e competências empresariais, e esses elementos são fundamentais para o bom desempenho da gerência, pois influenciam diretamente na *performance* empresarial.

Embora a tomada de decisão seja uma ação cotidiana dos gerentes, ela é uma iniciativa organizacional complexa e que tem se tornado, gradativamente, cada vez mais internacional. O cenário internacionalizado em uma economia globalizada necessita de gestores que delimitem as estratégias organizacionais mediante posicionamento competitivo único. Nesse cenário, é importante desenvolver produtividade por meio da instrumentalização de técnicas como *Total Quality Management* (qualidade total), re-engenharia ou *Benchmarking*. Entretanto, ainda mais importante que os resultados de eficiência operacional é a criação de estratégias sustentáveis.

Hoskisson et al. (2009, p. 82) defendem que:

> A criação de valor ocorre quando a empresa satisfaz às exigências de eficiência operacional de seu ambiente externo enquanto utiliza simultaneamente suas próprias capacidades para estabelecer uma posição estratégica viável. Uma característica importante da análise de recursos eficaz é a visão de que as empresas são aglomerados de recursos, capacidades e competências essenciais heterogêneos que podem ser usados para criar uma posição de mercado exclusiva. Essa visão sugere que as empresas individuais possuem pelo menos alguns recursos e capacidades que outras companhias não detêm – pelo menos não na mesma combinação. Os recursos são a fonte de capacidades, algumas das quais conduzem ao desenvolvimento das competências essenciais da empresa.

A Figura 6.1, a seguir, exprime o modo pelo qual as organizações usam créditos de vantagem competitiva e de cadeia de valor visando identificar fontes, vantagens competitivas e estratégias, além de evidenciar as ligações entre recursos, capacidades e competências essenciais.

Figura 6.1 – **Condições que afetam as decisões gerenciais sobre recursos, capacidades e competências essenciais**

Incerteza	Relativa às características do ambiente geral e setorial, das ações dos concorrentes e das preferências dos clientes.
Complexidade	Relativa às causas inter-relacionadas que moldam os ambientes de uma empresa e às percepções dos ambientes.
Conflitos intraorganizacionais	Relativo às pessoas que tomam decisões gerenciais e aquelas afetadas por essas decisões.

Fonte: Elaborado com base em Hoskisson et al., 2009.

Assim, cabe à organização cultivar forças que possam contribuir para alcançar a diferenciação almejada. Para tanto, a busca por liderança em qualidade exige que sejam utilizados os melhores componentes, a melhor mão de obra para montagem, um alto nível de inspeção e uma comunicação de efetividade.

Conforme esclarecem Czinkota e Ronkainen (2008, p. 172),

> A maioria dos profissionais de *marketing* global combina alta diferenciação com contenção de custos para entrar nos mercados, e para expandir sua participação de mercado. Sistemas flexíveis de fabricação que utilizam principalmente componentes padronizados e medidas de gestão de qualidade total reduzem a ocorrência de falhas estão permitindo às empresas customizar uma crescente parcela de sua produção e, ao mesmo tempo, economizar nos custos. As atividades globais permitirão a exploração de economias de escala, não apenas na produção, mas também em atividades de *marketing*, como campanhas publicitárias.

Identificar oportunidades potenciais é a primeira etapa enfrentada pelas empresas, mediante experiência de mercado e competências centrais. Criar outra linha de produtos ou usar de suas competências centrais para projetar componentes são alternativas frente à análise das oportunidades de mercado. Nesse cenário, a Figura 6.2 apresenta como se relacionam os componentes da análise interna da organização, responsáveis por conduzir o desenvolvimento da vantagem competitiva mediante a criação de valor.

Figura 6.2 – **Componentes da análise interna que conduzem à vantagem competitiva e à criação de valor**

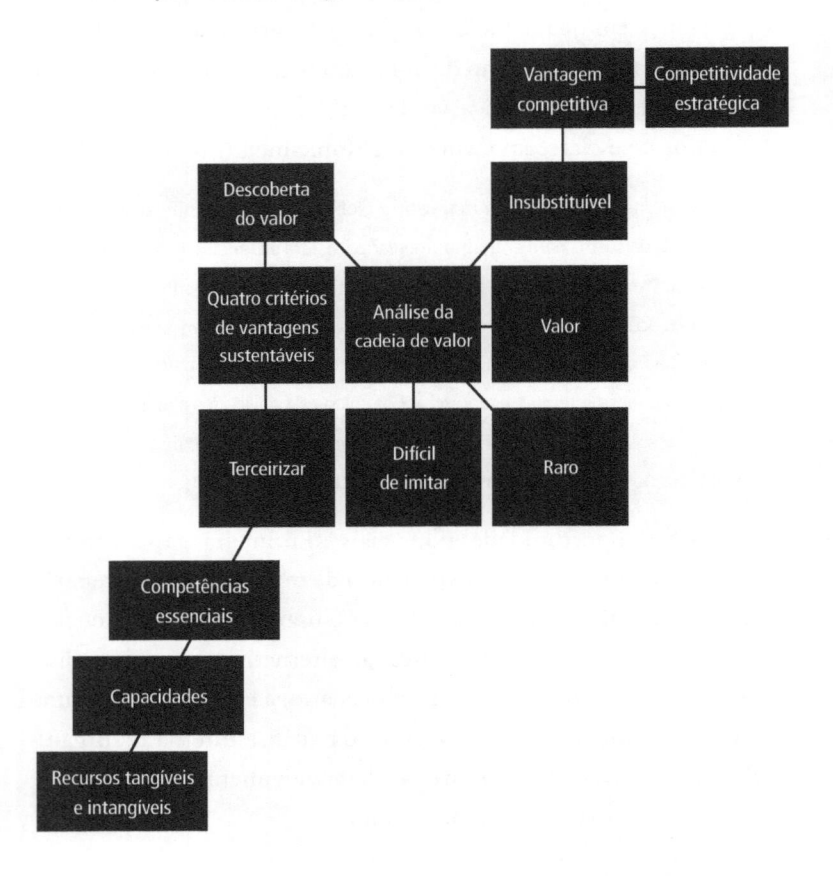

```
                                    Vantagem ── Competitividade
                                    competitiva    estratégica

        Descoberta              Insubstituível
        do valor

  Quatro critérios   Análise da
  de vantagens       cadeia de valor      Valor
  sustentáveis

                     Difícil
     Terceirizar     de imitar            Raro

   Competências
   essenciais

  Capacidades

Recursos tangíveis
e intangíveis
```

Fonte: Elaborado com base em Hoskisson et al., 2009.

Portanto, a tomada de decisão gerencial, que, como já se sabe, envolve recursos, capacidades e competências empresariais, é de fundamental importância para a atuação dos empreendedores, visto que tais decisões influenciam diretamente a *performance* empresarial.

6.1 Técnicas de levantamento e diagnóstico organizacional

O diagnóstico empresarial é uma ferramenta imprescindível na longevidade da empresa, pois sem ele não se consegue identificar o comportamento do mercado ante produtos ou serviços disponíveis em uma perspectiva de demanda. Para tanto, o administrador precisa se munir de instrumental técnico, composto de algumas ferramentas de levantamento de informações, quais sejam: observação pessoal, questionário, entrevista, revisão documental, formulário, análise e distribuição do trabalho e também do espaço físico.

A **observação pessoal** é o método de análise dos *insights* ocorridos durante o processo de revisão de literatura, realização das entrevistas e aplicação dos questionários, mediante a observância da realidade fática. Cury (2000) defende que esse método de comparação tem um caráter avaliativo abrangente, visto que coleta informações em três momentos distintos. Dito isso, a avaliação do ambiente de trabalho organizacional é efetuada de maneira procedimental, sob os critérios de atendimento ao objetivo organizacional, ao planejamento metodológico e ao registro das observações.

A aplicação de **questionário** apresenta certas vantagens sobre os demais métodos, visto que é menos custosa, de fácil execução, detém grande raio de alcance de entrevistados, apresenta maior uniformização na medição, garante o sigilo do entrevistado e utiliza menor enviesamento das devolutivas dos informantes. Contudo, esse é um método complexo, pois o instrumento de aplicação é de difícil desenvolvimento, uma vez que tem de se prezar pela qualidade dos itens que compõem o questionário no intuito de que as pessoas respondam o que se deseja saber com o levantamento. Tal problema pode ser minimizado pela aplicação do que se chama *pré-teste*, ou seja, uma aplicação inicial em forma de teste de modo a verificar se todos os dados a serem levantados foram contemplados nos itens do instrumento, fomentando assim o *feedback* para refinamento das perguntas a serem aplicadas (Cury, 2000).

Como método investigativo, Cury (2000) defende que a **entrevista** é versátil, mas apresenta alguns reveses em sua aplicação, como uma margem quantitativa de respondentes menor, maior probabilidade de desvio dos respondentes no curso dos itens questionados, menor padronização das perguntas dado o caráter subjetivo dos roteiros, além de requerer preparação mais afinada do entrevistador vistas as nuances suprarrelativas desse método, isto é, ele exige maior tempo de aplicação. As vantagens da entrevista, por sua vez, são: flexibilidade das perguntas, adoção de uma sequência de questionamentos, adição ou a subtração dos itens de inquisição, análise das respostas não verbais do respondente e possibilidade de instigar o informante a se envolver com o procedimento.

A **revisão documental** trata-se do levantamento e da análise das informações descritas em registros e documentos internos ou externos à empresa, relativos à temática de interesse e aos elementos legislativos, executivos, rotinas, instruções, estatutos sociais, regulamentos, organogramas, fluxogramas, literatura específica etc. O organograma é uma representação gráfica da estrutura organizacional que representa a hierarquia funcional da empresa. O fluxograma, por sua vez, representa sistematicamente o fluxo de processos existentes nas organizações, de modo que caracteriza as atividades, os colaboradores delas incumbidos e as estruturas envolvidas (sessões, departamentos ou diretorias, por exemplo).

Esse modelo visual contido na revisão documental detém a vantagem de uniformizar a demonstração dos métodos e dos procedimentos administrativos, facultando maior celeridade na explicação de tais metodologias, facilitando, assim, a compreensão, a localização e a identificação de elementos críticos, portanto, há certa flexibilização na análise. A principal dificuldade mediante a confecção de fluxogramas é a variedade de símbolos a ser empregada, que tem sido resolvida por meio de *softwares*. Os tipos de fluxograma existentes são: parcial, vertical, descritivo, global ou de coluna. O cronograma de atividades, também presente nessa etapa, corresponde a uma ferramenta utilizada na análise do conhecido *diagrama de Gantt*.

O **formulário** é uma documentação impressa na qual constam campos de preenchimento que visam coletar certas informações para auxiliar procedimentos administrativos. A elaboração de um formulário robusto depende do atendimento a alguns aspectos: espaço suficiente nos campos de preenchimento, distanciamento entre as linhas pautadas, a fim de que o registro de informações possa ser realizado. Além disso, o formulário precisa apresentar uma cadência lógica de informações a serem fornecidas, atentar para a dimensão da fonte utilizada, de modo a possibilitar a leitura, manter uma sequência razoável de tópicos, ter um número ideal de cópias para a destinação pretendida e garantir a qualidade do material a ser impresso.

Quanto à elaboração e à análise dos formulários, é necessário, primeiramente, realizar o levantamento dos formulários disponíveis na empresa. Essa etapa é denominada *análise das necessidades*, na qual se considera: o título do formulário, a pergunta acerca de sua necessidade, quem será o colaborador responsável pela emissão do formulário, qual será o adereçamento, se serão cópias adereçadas, se há excedente ou déficit no envio, quais os responsáveis pelo controle, em que volume serão utilizados, como serão estocados e por quanto tempo.

A **análise e a distribuição do trabalho** trata-se de uma avaliação da distribuição do trabalho a ser executada por meio de um equilíbrio determinado pela unidade organizacional da empresa. A fase de análise da comissão de atribuição do trabalho tem início com a investigação das várias tarefas do trabalhador/unidade organizacional, em que se lista as atividades realizadas, o tempo gasto e a quantidade de trabalho executado. Em seguida, determinam-se as atividades da unidade organizacional, incluindo o agrupamento de tarefas, a preparação do quadro de distribuição de trabalho e a análise do referido quadro. Nessa investigação, identifica-se a existência do chamado *tempo morto*, ou seja, momentos de ociosidade, listando as tarefas por ordem de importância ou tempo de execução, além de verificar o equilíbrio na divisão das atividades entre os colaboradores e as unidades organizacionais.

Por fim, a **análise** e a **distribuição do espaço físico** devem ser realizadas por meio da criação do *layout* do espaço avaliado. Tal análise necessita a devida atenção, pois pode gerar ganhos significativos em *performance* vista a possibilidade de melhoria de fluxo de colaboradores, mercadorias, insumos, diminuição de movimentações desnecessárias, controle e atendimento. A depender do setor e da atuação da empresa, deve-se considerar a finalidade das atividades para o posicionamento das estruturas das unidades organizacionais, por exemplo, no caso de expedição e recebimento de protocolos, há de se posicionar uma secretaria próximo ao local de execução.

6.2 Modelo das cinco forças de Porter

A longevidade empresarial depende da elaboração de um plano que mesure aspectos e variáveis de maneira abrangente e que projete as atividades a médio e longo prazo. Esse plano é chamado de *planejamento estratégico*, o qual tem como objetivo alcançar a vantagem competitiva necessária para que a empresa se destaque e se mantenha mercadologicamente diferenciada, agregando valor e satisfação aos consumidores.

Porter (2004) defende que a estratégia empresarial corresponde a um apanhado de objetivos da organização e dos meios utilizados para alcançá-los, de modo que todas as empresas têm estratégias, implícitas ou explicitas. Segundo Herrero Filho (2018), a antecipação às mudanças é possibilitada por um plano estratégico alinhado de modo eficaz aos investimentos. Entretanto, para atingir a eficiência por meio do plano estratégico, é necessário avaliar o ambiente organizacional com vistas à garantir maior sustentabilidade ao considerar as ameaças e as oportunidades de mercado.

Considerando que vivemos em uma realidade de mercado competitiva, as empresas tendem a priorizar os investimentos na criação de diferenciação e posicionamento, ou seja, buscam por vantagem competitiva sustentável. Nesse cenário, utiliza-se o modelo clássico das **cinco forças de Porter**, que é aplicado na avaliação de mercados para determinar precisamente a atratividade, tanto no tocante à aquisição de informações fundamentais ao planejamento estratégico quanto no que concerne à inserção de novos produtos ou serviços no mercado.

Vejamos, na Figura 6.3, quais são as cinco as forças mercadológicas que configuram a concorrência e a rentabilidade de um mercado.

Figura 6.3 – **As cinco forças de Porter**

Ameaça de produtos substitutos
São produtos que, apesar de não serem de um mesmo segmento, concorrem entre si.

Rivalidade entre os concorrentes
A rivalidade é variável de mercado para mercado, a depender da importância de análise, em especial quanto à agressividade dos concorrentes.

Poder de barganha dos fornecedores
Em especial, nos mercados oligopolísticos de fornecimento, os fornecedores têm alto poder de barganha, seja pelo alto ônus da troca de fornecimento, seja pelo baixo impacto orçamentário mediante a matéria-prima oferecida.

Poder de barganha dos clientes
O poder de barganha dos clientes está diretamente ligado à opinião deles na tomada de decisão de compra quanto às características de qualidade e preço dos produtos.

Ameaça de novos entrantes
Faz-se importante não somente analisar as atividades dos concorrentes, mas também o intento de entrada de novos concorrentes no mercado, que é restringida por barreiras impostas pelas empresas já estabelecidas. Entre as principais restrições estão o acesso a canais de distribuição, o custo de capital e a economia em escala.

Fonte: Elaborado com base em Porter, 2004.

6.3 Análise SWOT

Strenghts, Weaknesses, Opportunities e *Threats* (SWOT, na sigla em inglês) pode ser traduzido para o português como "forças, oportunidades, fraquezas e ameaças" (Fofa, na sigla em português). Esses termos nomeiam a matriz de variáveis características das organizações.

Nesse contexto metodológico, a análise de oportunidades e ameaças – ou análise do ambiente externo – engloba o monitoramento de importantes forças macroambientais (econômico-demográficas, tecnológicas, político-legais e socioculturais) e significativos agentes microambientais (clientes, concorrentes, distribuidores, fornecedores) que afetam sua capacidade de obtenção de lucros (Kotler, 2000). Logo, cabe à administração identificar oportunidades e ameaças ligadas a cada tendência ou progresso, de modo que, para Kotler (2000, p. 98) "um objetivo importante da avaliação ambiental é o reconhecimento de novas oportunidades de *marketing*. Uma oportunidade de *marketing* existe quando a empresa pode lucrar ao atender às necessidades dos consumidores de um determinado segmento".

As **oportunidades** são classificadas proporcionalmente de acordo com sua atratividade e probabilidade de sucesso. O sucesso de uma empresa não depende só das características de seus negócios e de suas respostas a requisitos-chave de efetividade em mercados-alvo, mas também da superação frente a pontos fortes dos concorrentes. Assim, a competência não constitui vantagem competitiva, a empresa de melhor desempenho será a que gerar maior valor para o cliente e conseguir sustentá-lo.

Alguns eventos no ambiente externo representam **ameaças**. Segundo Kotler (2000, p. 99), "uma ameaça ambiental é um desafio imposto por uma tendência ou desenvolvimento desfavorável que levaria, na ausência de uma ação de marketing defensiva, à deterioração das vendas ou dos lucros". As ameaças devem ser classificadas segundo a gravidade e a probabilidade de ocorrência. Após identificar as principais ameaças e oportunidades que uma unidade enfrenta, a gerência pode caracterizar a atratividade global do negócio. Os resultados possíveis são quatro:

> um negócio ideal apresenta muitas grandes oportunidades e poucas ameaças importantes; um negócio especulativo tem grandes oportunidades e ameaças importantes; um negócio maduro apresenta poucas oportunidades e poucas ameaças; e um negócio com problemas apresenta poucas oportunidades e muitas ameaças. (Kotler, 2000, p. 99)

Na análise do ambiente interno – ou análise de forças e fraquezas – considera-se a competência para a empresa ser bem-sucedida mediante as oportunidades de mercado. É imprescindível que cada negócio avalie periodicamente suas **forças** e **fraquezas**. A gerência ou o consultor analisa as competências de marketing e de fabricação, assim como as competências financeiras e organizacionais, para classificar cada fator como uma grande força, uma força, uma característica neutra, uma fraqueza ou uma grande fraqueza. Entretanto, não se faz necessário que o negócio corrija todos seus pontos fracos, nem deve alardear acerca de seus pontos fortes. O questionamento a ser feito é se o negócio deve se restringir às oportunidades para as quais seus recursos são suficientes ou se deve analisar melhores oportunidades para as quais terá de adquirir ou desenvolver mais forças. Por vezes, os negócios têm desempenho ruim não porque faltam a seus departamentos as forças necessárias, mas porque não trabalham de forma integrada, como uma equipe. Portanto, é importante que se avaliem as relações de trabalho interdepartamentais como parte da avaliação interna (Kotler, 2000).

Após a realização da análise SWOT, segundo defende Kotler (2000), a empresa pode desenvolver metas específicas para o período de planejamento. Nessa etapa, os gerentes utilizam o termo *metas* para delinear objetivos acerca da magnitude e do prazo a cumprir. A transformação de objetivos em metas mensuráveis facilita o planejamento, a implementação e o controle.

A maioria dos negócios procura um conjunto de objetivos que inclui lucratividade, crescimento das vendas, aumento da participação de mercado, contenção de riscos, inovação e reputação. A unidade de negócios estabelece os objetivos e, a partir daí, pratica a administração por objetivos (APO). Segundo Kotler (2000, p. 99), para que um sistema APO funcione, os objetivos da unidade devem responder a quatro critérios:

> (1) Os objetivos devem ser organizados hierarquicamente, do mais para o menos importante. Agindo dessa maneira, o negócio pode migrar de objetivos amplos para objetivos específicos para departamentos e pessoas específicos; (2) Os objetivos devem ser estabelecidos quantitativamente sempre que possível. (3) As metas devem ser realistas. Devem surgir de uma análise das oportunidades e forças da unidade de negócios, não de anseios; (4) Os objetivos devem ser consistentes. Não é possível maximizar as vendas e os lucros simultaneamente.

Outros aspectos colocados pelo autor, ainda nesse contexto, são os lucros de curto prazo *versus* crescimento de longo prazo, penetração profunda em mercados existentes *versus* desenvolvimento de novos mercados, metas de lucro *versus* metas sem lucro, alto crescimento *versus* baixo risco. Assim, existem variáveis internas e externas inclusas no modelo de análise SWOT.

Quanto ao **ambiente externo**, as oportunidades (*opportunities*), também denominadas *forças*, são externas à organização, incontroláveis e influenciam de maneira positiva. Adiciona-se que tais oportunidades variam entre nacionais, regionais ou globais, de modo que é fundamental entender como alcançá-las (Porter, 2004). As ameaças, por sua vez, também são incontroláveis, mas influenciam negativamente a organização. Em alguns casos uma ameaça pode ser convertida em oportunidade, ainda que isso signifique assumir risco mediante a vantagem competitiva da empresa, de modo que devem ser continuamente acompanhadas pelos gestores.

No que concerne ao **ambiente interno**, as forças (*strengths*), que correspondem a variáveis internas, remetem à diferenciação da empresa e aos seus produtos frente aos concorrentes. Quanto às forças, é necessário demonstrar quais são as competências mais veementes da organização e os caminhos por onde alcançá-las. Na análise gerencial, as competências mais fortes, diante da tomada de decisão, podem ser preservadas. As fraquezas (*weaknesses*), como o próprio termo enuncia, correspondem a variáveis externas e estão relacionadas à superioridade da concorrência ou aos atributos organizacionais que têm de ser aprimorados na empresa. A fraqueza configura-se como uma oportunidade de melhora, para isso, é preciso acompanhá-la de modo a conseguir transformar esse elemento negativo em força positiva.

De maneira geral, a matriz SWOT pode ser entendida conforme apresenta a Figura 6.4, a seguir.

Figura 6.4 – **Matriz SWOT**

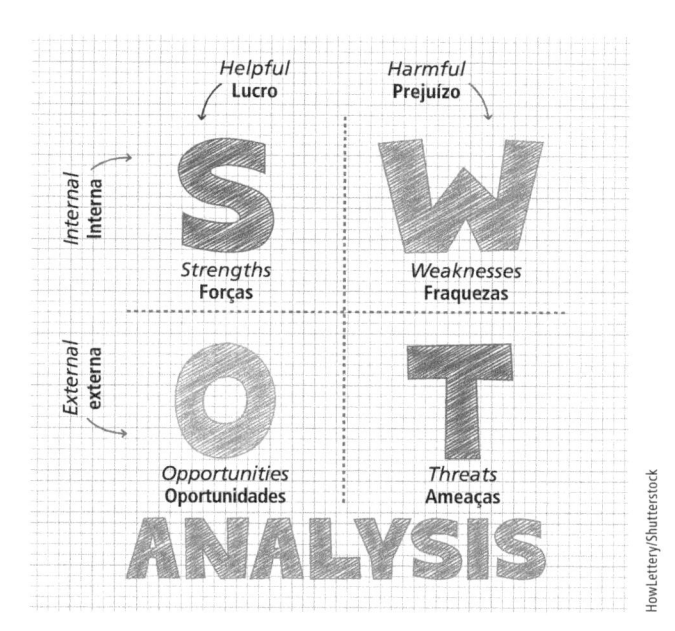

	Helpful / Lucro	Harmful / Prejuízo
Internal / Interna	**S** Strengths / Forças	**W** Weaknesses / Fraquezas
External / externa	**O** Opportunities / Oportunidades	**T** Threats / Ameaças

ANALYSIS

HowLettery/Shutterstock

Uma vez construída a matriz SWOT, passe-se ao momento de correlacionar fraquezas e forças, assim como oportunidades e ameaças, frente aos objetivos organizacionais que devem estar contemplados no plano estratégico.

6.4 Processo de gestão empresarial

Empresas são grupos de indivíduos unidos e trabalhando em torno de um objetivo comum: o lucro. No caminho para alcançar seus objetivos organizacionais, as organizações transformam recursos em produtos, os quais atendem às necessidades de clientes, buscando a resolução de problemas aos interessados.

A *performance* das organizações se mostra suficiente quando ela atende a essas necessidades e, frente aos problemas apresentados, utiliza de maneira eficiente seus recursos (Maximiano, 2006). Nesse ínterim, as empresas geram diversas benesses à sociedade, uma vez que realizam anseios, resolvem problemas, atendem a necessidades, geram bem-estar e trabalho cooperativo, mediante os objetivos e desenvolvimento das capacidades organizacionais.

O termo *gestão* incide fortemente no mercado, pois representa os meios de atuação dos gestores nas rotinas das empresas com o objetivo de levantar novas possibilidades para uma nova realidade vislumbrada na administração empresarial. A gerência está ligada a aplicações e iniciativas afirmadas por meio de resultados, ou seja, o gerente representa o poder de alocação, monitoramento, coordenação de recursos, de modo a desempenhar o recebimento de fornecimento de insumos, a transformação destes em produtos e seu oferecimento ao mercado.

A eficiência e a eficácia no gerenciamento são fundamentais à sustentabilidade da organização. Considerando-se o cenário mundial internacionalizado, a dinamicidade e as mudanças nos quadros econômico e social fazem da adaptação uma habilidade essencial aos gestores, além de seus conhecimentos instrumentais mediante a complexidade desse contexto. Alguns elementos vitais na atual gestão organizacional dizem respeito à influência dos concorrentes no contexto ambiental econômico, interno e externo; à imagem empresarial ética frente à responsabilização social para com a sociedade; ao desenvolvimento de disrupções tecnológicas; ao nível fundamental de serviços e produtos em qualidade.

Desse modo, monitorar o mercado e as atividades concorrenciais é mister aos gerentes, pois a concorrência já se inicia no controle da informação, antes mesmo de assegurar o posicionamento de mercado. Nesse contexto, existem diversos tipos de estratégias de posicionamento: há as empresas que desejam investir em pesquisa e desenvolvimento a fim de lideraram o mercado nesse âmbito; outras preferem seguir aplicando recursos nos processos atuais, mantendo-se à frente da concorrência. Para tanto, ao se conhecer o problema a ser solucionado naquele nicho de mercado, faz-se necessário focalizar em uma estratégia de posicionamento.

Sob essa perspectiva, as invenções de novas tecnologias têm ampliado a realidade do escopo competitivo, fazendo surgir novos modos gerenciais e novas alterações nas características de consumo dos clientes, além de ampliar a relação com as organizações fornecedoras. Tal cenário gera implicações diretas na administração de empresas, de modo que são necessários outros meios de gerência, novos instrumentais de suporte e sistemas de informação atualizados, com vistas a possibilitar que as organizações possam intervir estando alinhadas a seus atributos e aos elementos estratégicos mercadológicos, visando, sempre, à eficiência (Cordeiro; Ribeiro, 2002).

Segundo Pacievitch, Girelli e Eyng (2009), o gerente é aquele ao qual é incumbida a responsabilidade de controlar a empresa, a ele é direcionado o planejamento das ações, das atividades, dos métodos, da organização, do funcionamento da estrutura organizacional, da circulação informacional. Ou seja, o gerente é incumbido da gestão dos processos às soluções das controvérsias administrativas. Dito isso, os grupos de decisões gerenciais estão elencados no Quadro 6.1, a seguir.

Quadro 6.1 – **Grupos de decisões**

Grupos de decisões	
Administração estratégica	Ocorre no nível mais alto e tende a descentralizar suas decisões para outros departamentos da empresa, o que representa o chamado *movimento de tomada de decisão de cima para baixo*, ou seja, delimita as decisões verticalmente. Essas decisões exigem um amplo entendimento das atividades e dos objetivos organizacionais da empresa, exigindo dos gerentes a participação no gerenciamento de ativos e na experiência em investimentos de maneira otimizada para criar valor. Isso inclui funções de controle, planejamento, orientação e administração da organização, além de descrições detalhadas do estabelecimento do processo e dos objetivos comuns, da determinação da estratégia, dos objetivos, da implementação do projeto e da execução de diagnóstico descentralizado.
Empresas familiares	Foco nas características específicas dessas empresas, principalmente relacionadas ao processo de herança e poder de decisão que as diferenciam de outras empresas. As empresas familiares bem-sucedidas geralmente gastam muito tempo e energia para incentivar um espírito de cooperação e manter a harmonia entre os membros. No entanto, decisões estratégicas podem ser controladas de acordo com a estrutura de poder. Assim, a delegação pode ser centralizada ou parcial. Portanto, apresentam vantagens e desvantagens no processo de gerenciamento.
Finanças empresariais	Abrangem o gerenciamento de fluxos de caixa das atividades operacionais ao longo do tempo.
Negociação e vendas	Lidam com o planejamento, a orientação e o controle de vendas, incluindo o processo de recrutamento, seleção e treinamento de equipes de vendas e tarefas aplicáveis à equipe de vendas. O gerenciamento de vendas inclui mostrar como os gerentes de vendas podem alcançar melhor os objetivos da empresa, usando equipes de vendas como fatores de produção para atingir os objetivos de marketing e criando ou fornecendo produtos e serviços que atendam às necessidades dos consumidores. Inclui a avaliação e a quantificação de oportunidades de mercado para alcançar os bons resultados esperados da empresa.

(continua)

(Quadro 6.1 – conclusão)

Grupos de decisões	
Pesquisa de marketing	Inclui o processo de determinação de métodos para atender às necessidades do cliente com base na análise de produtos, preços, canais de distribuição e formulários promocionais. O marketing é um processo social e gerencial: indivíduos e grupos podem obter suas necessidades e expectativas criando, fornecendo e trocando produtos valiosos com outras pessoas. Nesse sentido, a empresa tenta identificar quais são as necessidades das pessoas e, com a ajuda dessas informações, elas começam a agir para transformá-las em necessidades. Nesse caso, a pesquisa de marketing constitui um subsistema de informações de marketing para encontrar as informações necessárias para a tomada de decisões no campo de marketing.
Qualidade e produtividade	Resolve problemas relacionados à adoção de práticas apropriadas de gerenciamento da qualidade, de padronização de produtos e serviços, de metrologia e de avaliação da conformidade. Inclui a determinação de políticas, objetivos e responsabilidades da qualidade, bem como atividades de gerenciamento para planejamento, controle, garantia e melhoria da qualidade.

Fonte: Elaborado com base em Damian, 2018.

Assim, percebemos que muitas são as deliberações acerca das decisões gerenciais tomadas pelos administradores, ou seja, é mister o conhecimento de conceitos importantes dos sistemas de crescimento da administração quanto aos instrumentais que garantem a conquista de desafios oriundos do mercado.

6.4.1 Administração estratégica

A gestão estratégica se apresenta como possibilidade de desenvolvimento da vantagem competitiva, direcionamento de recursos mediante os objetivos organizacionais, planejamento e monitoramento das rotinas por meio de uma análise mais apurada, melhoramento do espírito organizacional, incentivo aos colaboradores para o trabalho conjunto e manutenção do relacionamento interpessoal na proposta de soluções (Certo; Perter, 2010).

A gestão estratégica originou-se nos anos de 1950, momento em que as organizações criavam instrumentos orçamentários com periodicidade anual embasados nos recebimentos vislumbrados e na projeção de custos. O planejamento a longo tempo, datado de 1960, fundava-se em dados históricos e estáticos. O planejamento estratégico dos anos de 1970 considerava a avaliação interna e externa da organização com enfoque na adaptação dos atributos internos e nas oportunidades exteriores à empresa.

A gestão estratégica não está atrelada apenas ao planejamento estratégico por apresentar uma maior abrangência nas atividades de planejamento, tornando-o parte do sistema estratégico, mas porque também é uma maneira de as empresas simplificarem seus planos na etapa do planejamento estratégico e, por meio desse tipo de administração, executarem sua estratégia, realizar revisões e ajustes necessários para atingir as metas propostas. Esse é um processo de gerenciamento colaborativo que concretiza todas as atividades de gestão da organização. Portanto, é entendido como um procedimento de responsabilidade de todos os funcionários das empresas.

Atualmente, gerenciar de forma estratégica uma organização é um desafio valoroso, pois pode gerar um sentimento de orientação coesivo, concentrar o trabalho dos colaboradores, promover a inter-relação sistemática da organização e liderar o planejamento e a tomada de decisão, sendo uma iniciativa continuamente monitorada e analisada de forma sistemática. O gerenciamento estratégico é a direção que a organização pretende tomar e está positivamente relacionado às funções da administração. Para tanto, cabe definir, em primeiro lugar, o que é **planejamento**.

Oliveira (2007) define planejamento como um conjunto de medidas inovadoras, de acordo com recursos, tempo e localização, metas e objetivos que serão alcançados por meio do processo interativo entre todos os participantes e da implementação da vontade por meio da agência, das pessoas, das empresas ou dos grupos sociais.

O objetivo do planejamento é desenvolver procedimentos, técnicas e atitudes administrativas para que seja possível avaliar, de maneira mais rápida, coerente, eficaz e eficiente, o impacto das decisões atuais em um momento futuro, de acordo com os objetivos e promovendo ações futuras. Dessa forma, pode-se dizer que a implementação sistemática de planos tende a reduzir a incerteza envolvida no processo de tomada de decisão e, portanto, aumenta a possibilidade de atingir os desafios e as metas organizacionais (Oliveira, 1993).

Além disso, pelo planejamento é possível identificar dificuldades e gargalos, além de fornecer métodos alternativos para superá-los, determinar a sequência de atividades para que atividades diárias, semanais, mensais e anuais ocorram, ajustar as atividades de acordo com o tempo disponível e com recursos e capacidades operacionais existentes; desencadeando, assim, melhores resultados. Por outro lado, a falta de planejamento pode significar: falta de clareza de propósito; nenhuma rotina objetiva; perda de direção; urgência da prática de descarga; e incompetência do pessoal técnico (Chiavenato, 2004; Oliveira, 2007).

Nessa perspectiva, o administrador terá como principal função planejar, o que inclui o desenvolvimento dos principais elementos do gerenciamento estratégico, que podem ser, segundo Müller (2014): a definição do negócio do qual "reflete os elos comuns que dão coerência ao caráter especial da empresa e, ao mesmo tempo, cria uma fronteira em torno de suas ambições de expansão e diversificação" (Müller, 2014, p. 24). A definição da missão empresarial é a razão de sua existência, pois estabelece seu compromisso empresarial, social e interno; além disso, a empresa deve considerar uma visão futura em relação aos seus relacionamentos, seja com clientes, funcionários e acionistas; estabelecer ainda objetivos claros, os quais representará as ações realizadas pela empresa; definir também princípios e valores que estejam presentes no contexto empresarial; analisar como um todo os *stakeholders* (partes interessadas) envolvidos no seu ambiente; fazer a análise diagnóstica interna e externa, de maneira que pretenda avaliar os pontos fortes e fracos, as oportunidades e ameaças na formulação de suas estratégias e desempenho operacional. Deve-se ainda formular planos estratégicos e definir e manter auditorias periódicas sobre os resultados (Pereira, 2009).

Entretanto, o planejamento por si só não é suficiente, a empresa deve ser organizada para implementar o conteúdo do que foi planejado. Com isso, as organizações, por meio das tecnologias, usam efetivamente todos os recursos disponíveis para atingir determinado objetivo. Assim, a função organização consiste em:

> coordenação racional das atividades de certo número de pessoas, que desejam alcançar um objetivo comum e explícito, mediante a divisão das funções e do trabalho e por meio da hierarquização da autoridade e da responsabilidade, incluindo

o desenvolvimento de métodos adequados para melhor dispor dos recursos materiais e humanos necessários ao alcance dos objetivos e metas estabelecidos no planejamento estratégico. (Schein, 1972, citado por Bilhim, 2006, p. 22)

Nessa perspectiva, Pacheco (2008) defende que a função administrativa da organização está relacionada ao comportamento planejado, ou seja, ao ato de planejar. Contudo, podemos acrescentar que existem mais algumas fases que o processo organizacional precisa percorrer, quais sejam:

- Análise de objetivos, que definem os caminhos da empresa, aquilo que a organização pretende fazer. Nesse sentido, a divisão do trabalho inclui a repartição de tarefas em unidades menores e a determinação de quem executará essas atividades.
- Definição de responsabilidade, que inclui determinar os deveres ou as obrigações das pessoas na execução de tarefas ou atividades.
- Determinação do nível de autoridade, incluindo a atribuição de demandas ao pessoal ou aos departamentos funcionais. Estrutura-se, assim, uma hierárquica entre o nível e o escopo do controle.
- *Design* estrutural da organização, que permite destacar todas as decisões relacionadas à divisão do trabalho, às responsabilidades e à autoridade na estrutura organizacional, geralmente representadas por um gráfico denominado *organograma*.

De modo a possibilitar a realização das funções administrativas (planejamento, controle e organização), faz-se necessário o auxílio da alta gestão, a qual detém a responsabilidade de liderar as rotinas dos colaboradores quanto às metas individuais e empresariais.

Desse modo, a função direção consiste em coordenar e direcionar as atividades dos integrantes da empresa, implementando o que foi planejado e organizado (Chiavenato, 2004).

Entretanto, a direção não é uma função centralizada no topo da hierarquia, pois também está distribuída em três níveis organizacionais, como explicam Camelo et al. (2007):

1. Direção aplicada em nível institucional, de forma genérica e direcionada a longo prazo, englobando toda a instituição.
2. Gerência aplicada em nível intermediário, menos genérica e envolvendo cada unidade organizacional.
3. Supervisão aplicada a nível operacional, mais detalhada e analítica, direcionada a curto prazo, contemplando cada operação em separado.

Ainda, segundo Camelo et al. (2007), a direção nos três níveis organizacionais é dotada de um certo grau de complexidade, uma vez que tem relação com as pessoas que trabalham na empresa. Nesse sentido, o comportamento humano influencia o papel de direção desenvolvido nas organizações, pois o que faz a empresa funcionar são as pessoas e não as máquinas, os prédios ou a tecnologia. Essas pessoas são capazes de reunir, operar e possibilitar resultados por meio da utilização de recursos. Por isso, a melhor forma de direção é aquela que consegue reunir recursos materiais e humanos para alcançar os objetivos da empresa.

A função administrativa de controle consiste na avaliação das estratégias e nas ações realizadas com base no planejamento, mensurando, monitorando e acompanhando o desempenho dessas atividades.

Desse modo, podemos dizer que o planejamento e o controle estão interligados, pois, enquanto o planejamento define o que e como fazer, o controle estabelece as formas de avaliação das ações e das estratégias desenvolvidas para a realização dos objetivos e das metas da empresa (Camelo et al., 2007). Chiavenato (2004) e Maximiano (2006) dividem o processo de controle em três níveis: estratégico, tático e operacional, que serão explorados na próxima seção.

6.4.2 Controle empresarial

O controle empresarial caracteriza-se como um processo cíclico e repetitivo composto de quatro etapas: (1) estabelecimento de padrões; (2) avaliação do desempenho; (3) comparação do desempenho com o padrão; e (4) ação corretiva. Algumas dessas etapas são fundamentais para o desenvolvimento das avaliações feitas pela organização.

Nessa perspectiva, à medida que o processo se repete, o aperfeiçoamento do controle e dos sistemas são compreendidos, sendo possível corrigir os erros e, por conseguinte, melhorá-los. Chiavenato (2014) acrescenta que cada organização necessita de um sistema básico de controles, no qual aplica seus recursos financeiros, desenvolve pessoas, analisa o desempenho financeiro e avalia a produtividade operacional. O desafio, por sua vez, é saber como utilizar tais controles e, mais que isso, como aprimorá-los e atualizá-los de modo a garantir uma melhoria gradativa no desempenho de toda a organização. Para tanto, há níveis de controle que direcionam a ação gestora.

Os **controles estratégicos** baseiam-se em informações externas e são constituídos pelos sistemas de decisões de cúpula, os quais controlam o desempenho e os resultados operacionais e organizacionais.

Os **controles táticos** concentram-se em fatos que se desenvolvem em níveis intermediários e que envolvem cada uma das unidades organizacionais (departamentos, divisões ou equipes). São exemplos desses tipos de controle: o controle orçamentário, a contabilidade de custos, o ponto de equilíbrio no qual identificam o fluxo de produção e, consequentemente, as vendas.

Os **controles operacionais** são planejados com base em uma perspectiva de curto prazo, como o controle de estoque e de qualidade. As ações corretivas de controle no nível operacional, ou até mesmo o desempenho, são executadas por pessoas.

Chiavenato (2001) determina que a ação administrativa que visa manter o desempenho dentro dos padrões estabelecidos é denominada *ação corretiva*. O seu objetivo é fazer com que cada ação seja executada conforme o previsto. Para tanto, essas ações são tomadas como base para a análise quantitativa e, após a conclusão do processo de controle, são estabelecidas as decisões quanto às correções necessárias. Se os resultados excedem as expectativas definidas, é altamente desejável que tais ações sejam comunicadas às pessoas, motivando-as no sentido de que o sucesso seja mantido. Por outro lado, se os resultados não atendem às expectativas, é preciso averiguar o motivo, focar no problema em si e não atribuir culpa às pessoas.

Portanto, a ação disciplinar tem caráter corretivo e é aplicada com base no comportamento dos indivíduos, de modo a direcionar, corrigir ou orientar divergências comportamentais mediante o pretendido pelas organizações. Portanto, cabe ao controle assinalar a medida a ser desempenhada, caso a *performance* não esteja condizente com o estabelecido, ou seja, com padrão almejado. O intuito do controle é justamente apontar o momento, a forma, o lugar e a quantidade referente à execução da ação corretiva. Para isso, utilizam-se informações previamente coletadas, culminando, assim, no processo de controle (Chiavenato, 2004).

CONSIDERAÇÕES FINAIS

O empreendedor é um agente que oportuniza novos negócios, os quais movimentam a economia, geram emprego e renda, realizando, assim, sonhos de colaboradores e dos próprios empreendedores, que veem o seu empreendimento como um caminho para se estabelecer novas oportunidades negociais, por meio de planos de negócios inovadores, sustentáveis e preocupados com o valor a ser entregue à sociedade. Sob essa perspectiva, portanto, nasce uma concepção filosófica do comportamento empreendedor, que foi amplamente explorada ao longo deste livro.

O Capítulo 1 abordou a concepção histórica do conceito de gestão, mostrando a influência dos filósofos, da Revolução Industrial até chegar ao modo como os empreendedores enxergam, hoje, sua atuação. Também versamos sobre as diferentes escolas de gestão, as principais abordagens da administração nelas desenvolvidas e o clássico experimento de Hawtorne. Na sequência, vimos os conceitos basilares de gestão, suas funções (planejamento, organização, liderança/direção e controle) e as novas tendências da gestão. Finalmente, tratamos da figura do gestor, dos papéis desempenhados por ele, suas habilidades, capacidades e atitudes.

No Capítulo 2, discutimos o desenvolvimento sustentável em interlocução com a segmentação e entrega valor, ponderando a respeito desse desenvolvimento na ação empreendedora contemporânea, seu objetivo específico, o contexto de aplicação e a postura empresarial frente a ele. O estudo sobre a entrega de valor e a projeção na forma da segmentação de mercado e pesquisa de mercado-alvo possibilitou que tratássemos das diferentes estratégias de seleção de mercado-alvo, das variáveis de pesquisa de mercado, da proposta de valor e dos seus canais de comunicação.

O Capítulo 3 apresentou a esfera do relacionamento com o cliente, abordando a construção de valor dessa relação no tocante à satisfação e à fidelidade. Nesse momento, percebemos a importância da criação de uma ideia de valor, a aplicação desse conceito e a entrega dele ao cliente, bem como o cultivo desse relacionamento com o consumidor, que perpassa por uma gestão voltada ao cliente, por um marketing personalizado, pelo empoderamento do consumidor, pela sua atração e fidelização e, por fim, mas não menos importante, pela gestão de marcas e pela definição de seu papel no mercado.

No Capítulo 4, tratamos dos conceitos de empreendedorismo e inovação, focalizando o perfil do empreendedor, seu comportamento, seu papel de gerador de oportunidades. Também elencamos as características da ação empreendedora, colocando em perspectiva termos como *sorte* e *criatividade*. Vimos quais são os principais tipos de ação empreendedora, a importância da criatividade nessa ação, a relação entre criatividade, o profissional empreendedor e a organização na qual desempenha sua função, contextualizando a inovação em um ambiente de oportunidades.

Os Capítulos 5 e 6 discutiram aspectos voltados à criação de planos de negócios e a busca de oportunidades. Tratamos dos principais tipos de modelos de negócios, como desenhá-los, suas atividades-chave, parcerias principais e estruturas de custo. Por fim, abordamos as técnicas de levantamento e diagnóstico organizacional, o modelo das cinco forças de Porter, a análise SWOT, o processo de gestão empresarial, a administração estratégica e suas funções.

Este livro oferece, assim, um arcabouço abrangente sobre o conhecimento gerencial inerente ao empreendedor e aponta para uma necessidade contínua de atualização do comportamento empreendedor, no que diz respeito às suas funções dentro da organização e seu posicionamento diante do mercado em que atua.

REFERÊNCIAS

ANDERSON, C. **Free! Why $0.00 Is The Future of Business**. Wired, 2008. Disponível em: <https://www.wired.com/2008/02/ff-free/>. Acesso em: 30 dez. 2020.

ANDERSON, C. **The Long Tail**. Wired, 2004. Disponível em: <https://www.wired.com/2004/10/tail/>. Acesso em: 30 dez. 2020.

ARANHA, J. A. S. Reflexões sobre as ações voltadas ao empreendedorismo. In: SEMINÁRIO NACIONAL DO GEM, 1, Curitiba, nov. 2006. Disponível em: <https://ibqp.org.br/wp-content/uploads/2016/09/Reflex%c3%b5es-sobre-as-a%c3%a7%c3%b5es-voltadas-ao-empreendedorismo.pdf>. Acesso em: 30 dez. 2020.

BARRETO, R. M. **Criatividade no trabalho e na vida**. São Paulo: Summus, 1997.

BESSANT, J.; TIDD, J. **Inovação e empreendedorismo**. 3. ed. Porto Alegre: Bookman, 2019.

BILHIM, J. A. F. **Teoria organizacional**: estruturas e pessoas. 5. ed. Lisboa: ISCSP, 2006.

BOLTON, B.; THOMPSON, J. **Entrepreneurs**: Talent, Temperament, Technique. Oxford: Butterworth-Heinemann, 2000.

CASSIA, S. de. Perfil empreendedor: você tem? **Meu próprio negócio**, n. 49, mar. 2007. Disponível em: <https://sandrajornalista.wordpress.com/2007/03/01/perfil-empreendedor-voce-tem/>. Acesso em: 30 dez. 2020.

CERTO, S. C.; PETER, J. P. **Administração estratégica:** planejamento e implementação de estratégias. 3. ed. São Paulo: Pearson Education do Brasil, 2010.

CHIAVENATO, I. **Princípios da administração:** o essencial em teoria geral da administração. São Paulo: Manole, 2006.

CHIAVENATO, I. **Administração nos novos tempos.** Rio de Janeiro: Elsevier, 2004.

CHIAVENATO, I. **Administração nos novos tempos:** os novos horizontes em administração. 3. ed. Barueri: Manole, 2014.

CHIAVENATO, I. **Teoria geral da administração.** Volume I. São Paulo: Makron, 2001.

CLEGG, B. **Modelos e técnicas para geração de ideias e inovação em mercados altamente competitivos.** São Paulo: Makron Books, 2000.

CORDEIRO, M. B. V. J.; RIBEIRO, V. R. Gestão empresarial. In: MENDES, G. T. J. **Economia empresarial.** Curitiba: Fae Business School, 2002.

CURY, A. **Organização & métodos:** uma visão holística. 7. ed. São Paulo: Atlas, 2000.

CZINKOTA, M. R.; RONKAINEN, I. A. **Marketing internacional.** São Paulo: Cengage Learning, 2008.

DAMIAN, T. **Gestão de empresa:** tópicos especiais em gestão empresarial. Jundiaí: Paco Editorial, 2018.

DORNELAS, J. **Empreendedorismo:** transformando ideias em negócios. 7. ed. São Paulo: Empreende, 2018.

DRUCKER, P. F. **Inovação e espírito empreendedor.** São Paulo: Pioneira, 1986.

DUQUE, B. E. D.; DIAS, L. G.; FERREIRA, A. L. F. A influência da Quarta Revolução Industrial no papel do administrador. **Revista de Trabalhos Acadêmicos – Universo Juiz de Fora**, Juiz de Fora, v. 1, n. 6, 2017. Disponível em: <http://www.revista.universo.edu.br/index.php?journal=1JUIZDEFORA2&page=article&op=view&path%5B%5D=5379>. Acesso em: 30 dez. 2020.

FARO, R.; FARO, F. **Curso de comércio exterior**: visão e experiência brasileira. 2. ed. São Paulo: Atlas, 2010.

FERNANDES, G. R. et al. CRM: uma ferramenta fundamental para a captação e manutenção de clientes. **Revista Pensar Tecnologia**, v. 4, n. 2, jul. 2015.

GREENBERG, P. **CRM**: na velocidade da luz. Rio de Janeiro: Campus, 2001.

HAGEL, J.; SINGER, M. Unbundling the Corporation. **Harvard Business Review**, Mar.-Apr. 1999. Disponível em: <https://hbr.org/1999/03/unbundling-the-corporation>. Acesso em: 30 dez. 2020.

HERRERO FILHO, E. **Pessoas focadas na estratégia**: as disciplinas da execução da estratégia. Rio de Janeiro: Alta Books, 2018.

HONORATO, G. **5 motivos para usar o CRM**. Seo Master. Disponível em: <https://www.seomaster.com.br/blog/5-motivos-para-usar-o-crm>. Acesso em: 30 dez. 2020.

HOSKISSON, R. E. et al. **Estratégia competitiva**. 2. ed. São Paulo: Cengage Learning, 2009.

HUNTER, J. **O monge e o executivo**: uma história sobre a essência da liderança. Rio de Janeiro: Sextante, 2004.

KOTLER, P.; KELLER, K. L. **Administração de marketing**. 12. ed. São Paulo: Pearson Education do Brasil, 2006.

KOTLER, P.; KELLER, K. L. **Administração de marketing**. 14. ed. São Paulo: Pearson Education do Brasil, 2012.

KOTLER, P. **Administração de marketing**: a edição do novo milênio. São Paulo: Prentice Hall, 2000.

KRAUSE, G. A natureza revolucionária da sustentabilidade. In: CAVALCANTI, C. (Org.). **Meio ambiente, desenvolvimento sustentável e políticas públicas**. São Paulo: Cortez, 1997.

KRAFT, U. Em busca do gênio da lâmpada. **Viver, mente e cérebro**. São Paulo: Ediouro, ano XIII, n. 142, nov. 2004.

KURATKO, D. F. **Empreendedorismo**: teoria, processo e prática. São Paulo: Cengage Learning, 2016.

LOUETTE, A. **Gestão do conhecimento** – Compêndio para a sustentabilidade: ferramentas de gestão de responsabilidade socioambiental. São Paulo: AntaKarana Cultura Arte e Ciência; WHH, 2007.

MAÇÃES, M. A. R. **Manual de gestão moderna**: teoria e prática. São Paulo: Leya, 2018.

MAGALDI, S.; SALIBI NETO, J. **Gestão do amanhã**: tudo o que você precisa saber sobre gestão, inovação e liderança para vencer na 4ª Revolução Industrial. São Paulo: Gente, 2018.

MAGRETTA, J. **O que é gerenciar e administrar**. Rio de Janeiro: Campus, 2002.

MÁTTAR NETO, J. A. **Filosofia e ética na administração**. São Paulo: Saraiva, 2010.

MAXIMIANO, A. C. A. **Introdução à administração**. 3. ed. São Paulo: Atlas, 1992.

MAXIMIANO, A. C. A. **Introdução à administração**. 5. ed. São Paulo: Atlas, 2006.

OECH, R. V. **Um "Toc" na cuca**: técnicas para quem quer ter mais criatividade na vida. 1. ed. São Paulo: Cultura, 1988.

OLIVEIRA, D. de P. R. de. **Planejamento estratégico**. 7. ed. São Paulo: Atlas,1993.

OLIVEIRA, D. de P. R. de. **Planejamento estratégico**: conceitos, metodologia e práticas. São Paulo: Atlas, 2007.

OSHO. **Criatividade, liberando sua força interior**. São Paulo: Cultrix, 1999.

OSTERWALDER, A.; PIGNEUR, Y. **Business Model Generation** – Inovação em Modelos de Negócios: um manual para visionários, inovadores e revolucionários. Rio de Janeiro: Alta Books, 2011.

PACHECO, A. P. R. **Gestão estratégica I**: livro didático. Palhoça: UnisulVirtual, 2008.

PACIEVITCH, T.; GIRELLI, E.; EYNG, A. M. Violências nas escolas: mediação de conflitos e o clima escolar. In: CONGRESSO NACIONAL DE EDUCAÇÃO – EDUCERE, 9, 2009, Curitiba, **Anais...** Curitiba: Champagnat, 2009. p. 7066-7079.

PEDROSO, M. C. Casos sustentáveis. **GV Executivo**, v. 6, n. 2, mar./abr. 2007. Disponível em: <https://rae.fgv.br/sites/rae.fgv.br/files/artigos/4782.pdf>. Acesso em: 30 dez. 2020.

PEPPERS, D.; ROGERS, M. **Confiança extrema**: a honestidade como vantagem competitiva. Rio de Janeiro: Campus, 2012.

PEREIRA, M. A. **Gestão estratégica**. São Paulo: Centro de Voluntariado de Cruzeiro, 2009. Curso de gestão voluntária. Disponível em: <http://www.marco.eng.br/terceirosetor/cursos-palestras/GE-3setor.pdf>. Acesso em: 30 dez. 2020.

PINCHOT, G.; PELLMAN, R. **Intra-empreendedorismo na prática**: um guia de inovação nos negócios. Rio de Janeiro: Campus, 2004.

PIRES, S. R. I. **Gestão da cadeia de suprimentos (Supply Chain Management)**: conceitos, estratégias, práticas e casos. São Paulo: Atlas, 2007.

PORTER, M. **Estratégia competitiva**. Rio de Janeiro: Elsevier Brasil, 2004.

PORTER, M. **Vantagem competitiva**: criando e sustentando um desempenho superior. Rio de Janeiro: Elsevier, 1989.

PREDEBON, J. **Criatividade** – Abrindo o lado inovador da mente: um caminho para o exercício prático dessa potencialidade esquecida ou reprimida quando deixamos de ser crianças. 4. ed. São Paulo: Atlas, 2002.

PRIDE, W. M.; FERRELL, O. C. **Fundamentos de marketing**: conceitos e práticas. São Paulo: Cengage Learning, 2015.

REDWOOD, S. et al. **Gestão da ação**. São Paulo: Makron, 2000.

REIS, F. L. dos. **Manual de gestão das organizações**: teoria e prática. 1. ed. Lisboa: Sílabo, 2018.

SANTOS, A. J. R. **Gestão estratégica**: conceitos, modelos e instrumentos. Lisboa: Escolar, 2008.

SCHEIN, E. H. **Consultoria de procedimentos**: seu papel no desenvolvimento organizacional. São Paulo: Edgard Blücher, 1972.

SCHNEIDER, E. I.; BRANCO, H. J. C. **A caminhada empreendedora**: a jornada de transformação de sonhos em realidade. Curitiba: InterSaberes, 2012.

SCHUMPETER, J. A. **A teoria do desenvolvimento econômico**. São Paulo: Abril Cultural, 1982.

SEBRAE – Serviço Brasileiro de Apoio às Micro e Pequenas Empresas. **Pesquisa de mercado**. Sebrae: 2004. (Coleção Saiba Mais).

SERTEK, P. **Empreendedorismo**. 4. ed. Curitiba: InterSaberes, 2013.

SIMÕES, K. O DNA dos vencedores. **Pequenas Empresas & Grandes Negócios**, n. 195, abr. 2005.

WEIL, P. **Holística**: uma nova visão e abordagem do real. São Paulo: Palas Athena, 1990.

WERNERFELT, B. A Resource-Based View of the Firm. **Strategic Management Journal**, v. 5, n. 2, p. 171-180, Apr.-Jun.1984. Disponível em: <http://web.mit.edu/bwerner/www/papers/AResource-BasedViewoftheFirm.pdf>. Acesso em: 30 dez. 2020.

ZEITHAML, V. A.; BITNER, M. J.; GREMLER, D. D. **Marketing de serviços**: a empresa com foco no cliente. Porto Alegre: AMGH, 2014.

SOBRE A AUTORA

Isabella Christina Dantas Valentim é formada em Ciências Contábeis pela Universidade Federal do Rio Grande do Norte (UFRN) e é mestre em Contabilidade pela Universidade Federal de Pernambuco (UFPE). Já trabalhou como consultora nas áreas de auditoria, perícia contábil e financeira. Foi docente dos cursos de Ciências Contábeis e Administração da Faculdade José Lacerda Filho (Fajolca – UFPE) e do Centro Universitário Maurício de Nassau (Uninassau – Recife/PE e João Pessoa/PB). Atuou como professora conteudista na Faculdade Três Marias e na Associação União Brasileira de Educação Católica (Ubec) nas áreas de recursos humanos, ciências contábeis e pedagogia. Atualmente, é revisora técnica da Telesapiens, professora de cursos preparatórios para o exame de suficiência contábil e docente no curso de Ciências Contábeis e Gestão Financeira na União das Instituições Educacionais de São Paulo (Uniesp), onde integra o programa de Pós-Graduação em Perícia Contábil, Auditoria, Gestão Financeira e Controladoria.

✱

Os livros direcionados ao campo de *design* são diagramados com famílias tipográficas históricas. Neste volume foram utilizadas a **Garamond** – criada pelo editor francês Claude Garamond em 1530 e referência no desenho de fontes pelos próximos séculos – e a **Frutiger** – projetada em 1976 pelo suíço Adrian Frutiger para a sinalização do aeroporto Charles de Gaulle, em Paris.

Impressão: Reproset
Fevereiro/2021